富翁系列 M009

平民保險王

劉鳳和 著

COSMAX
PUBLISHING Co.
Since 1981

文經社
Taiwan

花小錢買到足夠的保障，
才是真正的保險！

　　我的第一本書《聰明買保險》出版後，在商業理財類的書籍中，銷售量還不錯，對於我這個寫作的門外漢來說，非常讓我感動，也非常感謝有這麼多的讀者朋友，支持我、鼓勵我。

　　本來在寫完第一本書之後，我覺得保險重要的基礎觀念，已經在《聰明買保險》裡寫得非常詳盡。沒想到，在書出版之後，每天都會接到十幾通來自四面八方讀者朋友的來電，詢問有關保險方面的問題，讓我一度好奇，書裡不是已經寫得很詳盡了？為什麼還是有這麼多疑問呢？

　　後來我才知道，我不能用自己的角度來看待這件事，因為大部分的讀者都是對保險沒有深入了解的保戶和消費者。畢竟，我從事保險業已有十幾年的時間，可能我認為很簡單易懂的觀念，對於讀者大眾來說，仍有一道比較艱難的門檻而無法跨過。

　　出版第一本書至今已將近三年了，也就是將近一千多個日子，每天都有詢問的電話，再加上最近的金融風暴，

來電的讀者更有增無減。也不得不讓我重新思考，是否還要再寫一本書，可以更簡單、更詳細，解釋或解決保險的各種疑難雜症。讓大部分的保險門外漢在看了這本書之後，也能夠對保險有將近九成的了解與認識。可是要如何寫這本書呢？這個念頭在我的腦海裡頭盤旋許久。

現在市面上有很多介紹保險的書，但就像一位讀者告訴我的，《聰明買保險》是最簡單也最寫得清楚的，能夠讓他們在最短的時間就對保險有相當的認識，但它畢竟只是一本書而已，要達到百分之百的了解可能不是那麼容易。再加上文經社也一直鼓勵我，希望我針對第一本書較少提到的醫療險、投資型保單、各種終身險，能再多些補充，讓讀者能一目瞭然，更加深我要寫這本新書的想法。

其實，叫我不加思索馬上寫出一本書，類似市面上所出版的『理財大贏家』、『買保險讓你賺進一輩子的財富』……等，我馬上可以寫得出來。但是我覺得要對數以萬計的保戶、讀者負責，雖然買一本書可能不過200多元，但也是每位讀者辛苦的血汗錢，我絕對要讓他們感覺這本書物超所值，更重要的是，能讓讀者在讀完本書之後，簡單的分辨什麼才是最你需要的保險商品，不再花冤枉錢買到不適合的保險。

所以，在這本《平民保險王》裡，我先直接鎖定平民（一般的薪水階級），最需要是什麼保險？我直接先剖析利

率的真相，因為利率的數字是保險公司和業務員最常用來吸引保戶投保的利器，但實際上可能只是數字遊戲的變換，我會用簡單的實例，讓讀者一目瞭然，原來那些所謂的「還本型」保險，到底划不划算？

另外，我則以目前10個熱門的保險商品來做個比較，雖然因商品的特性有所不同，在評比的條件上，無法做到百分之百的一致，但我想要傳達的是如何找出便宜又好用保險，也讓讀者們了解，什麼才是平民最需要、負擔最輕的好保險？

在書的最後，我附上了「給總統的一封信」和「給保險業務員的一封信」，前者是我從事保險業近二十年來，對保險業這個大環境的衷心建議，希望政府可以從政策面去檢討各種保險不合理的現象；後者則是希望和各位同業們一起改善目前以業績掛帥的拉保險方式，讓我們把保險業變成是可以真正幫助人的專業行業！

劉鳳和謹識

目次 Contents

Part 1

保險，還是理財？　　019
3分鐘剖析數字的花招，讓你不再被唬弄

快拿起計算機跟我一起算一算，只要短短的幾分鐘，讓你了解利率的真相！
保險公司和業務員常用的話術，絕對讓你想不到！

Part 2

10大熱門險種大PK　　065
5種你最需要買的保險，一目瞭然！

低保費高保障的「純」保險，就是適合薪水階級的平民保險！
只要利用年薪的十分之一，就能買到年薪十倍以上的保障！

Part 3

保險疑難雜症Q&A　　**137**
業務員不敢或不想告訴你的真話

1萬通上以的讀者諮詢來電，最想知道的18個Q&A，
保險的各種疑難雜症，統統說清楚！

花大錢，當保險奴，
你就虧很大

其實說到保險，它真的是一件很簡單的金融商品，而我在這裡所說的是「純保險」，一點都不難懂。但是讀者或者是一般的保戶，為什麼總是被保險搞得糊里糊塗？甚至大部分的人往往只憑保險員三寸不爛之舌，就衝動買了一大堆保險。有多少人是真正了解保險的內容之後，才購買的呢？

不要說各位讀者朋友對保險是一知半解，我相信就連在保險公司上班的很多業務人員、或者從事金融理財證券方面的業務人員（因為最近幾年他們也可以賣保險），可能也都搞不太清楚所有的保險項目和內容。其實，若能將保險回歸到「純保險」，保險真的很簡單。它最主要的功用，就是花小錢買到足夠保障。所謂足夠的保障，賠償金額至少100萬、200萬、300萬元……以上才叫作保障。記住！花小錢買大保障，才是真正的保險精神。

不當冤枉的保險奴・守則1

認清保費高、保障低的保險商品

我相信有很多的讀者在開始要買保險時，也都有同樣的想法。只想要用一點點的錢就能買到足夠的保障，萬一家人生病或遭逢意外而導致身殘，甚至不幸往生時，能有一大筆的理賠金，照顧這個失親的家庭最起碼10年或是20年以上的時間，讓他們在傷心之餘，尚且不用煩惱短期的生活家計。

這個觀念說起來簡單，沒有人會聽不懂，但當他去買保險的時候，碰到所有的業務員卻都不是這麼說，把保險商品說得天花亂墜，什麼「保證領回」、「保證富足一生」、「保證還本」、「不用花錢」……等，這些保險商品不管名稱多麼令人眼花瞭亂，但有個共同的特點——保費很高、保障很少。這類保險商品的保費可以高到甚至可以買一棟房子，但真正的保障可能只有區區數十萬元而已，但這些險種幾乎也是目前最熱賣的商品。

> 記住！花小錢買大保障，這才是真正的保險精神。

或許你會問為什麼會這樣？為什麼台灣的保險公司、保險界、業務員，他們在學校所學的基礎保險理論卻無法運用在保險市場中，反而盡量去推銷高保費、低保障的保

險。而這些可憐的讀者保戶朋友，好像也不曉得該怎樣去探討其中不對勁的地方，不知不覺被業務員洗腦，也沒有辦法去回絕他不需要的保險商品，只好默默地接受一些高保費、低保障，不恰當的保險商品。

高保費不一定等於高保障

所謂不恰當的保險，它所繳的保費甚至可以買一棟房子。我們就以「終身醫療保險」為例，這是之前賣得嚇嚇叫的商品。

現在的終身醫療保險，一年的保費高到大概是1萬5千元左右，如果住院一天可以領1千元的理賠金，保費並不便宜。以此推算，二十年期的終身醫療險，以一年繳1萬5千元來說，二十年之後就繳了30萬元，結果……只買到了住院一天1千元的理賠。先不看它的保障，先講它所需要繳的保費。一個人，買一個醫療保險，年繳1萬5千元，可能覺得還OK，負擔不會太重。假若全家有四口人，1萬5千元乘以4，也就是一年要繳6萬元的保費，可是你想想，花了6萬元，只買了一種產品，也就是醫療保險。如果再加上必買的癌症險，又需要年繳1萬元的保費，全家四個人就是4萬元，6萬元加4萬元，總金額高達10萬元。

一定有人覺得醫療險和癌症險還是不夠，如果再去買一個壽險，不管是終身壽險或者定期壽險，按照我上本

書裡所講的，一個人最起碼要有500萬或是1000萬保障，以目前的終身壽險來講，先生一人的保費若是500萬的保額，每次要繳的金額可能就是20幾萬元。若太太也是500萬的保額，每次要繳的金額就是10多萬元。再加上全家四個人的終身醫療約6萬元、癌症險4萬元，一年的保險就是40萬元。這還不包括沒提到的一些消耗型的意外險、失能險、重大疾病保險。光是如此，一個家庭一年的保費就要40萬元左右，二十年就是800多萬。

有多少家庭在還沒買到房子之前就先買了一個錯誤的保險，一輩子花掉的鉅額保險費，都可以讓他去買個房子了，剛剛講過了，他一年花了20幾萬買了一個終身壽險可能還算不錯，萬一他花了20幾萬買的是儲蓄險，根本就買不到500萬的保障。花了這麼多的錢，保障只有一點點，那是不是買錯了？

買保險跟買房子一樣要慎重

通常我們在買房子的時候，都會精挑細選，會觀察交通動線，會注意屋子結構、地理環境、屋齡，還有左右鄰居，小心翼翼的好像選老婆一樣，買一棟房子都可以如此細心，可是買保險的時候卻容易被業務員的搧動而輕易簽下合約。我經常碰到這樣的狀況，在一個家庭裡，先生的醫療保險是向某甲業務員買的，一萬多元的保費剛開始感

覺還不怎麼樣，再和太太一起買，或許2、3萬元也還能夠負擔。但改天想想，小孩子是不是也需要買一點，於是又加上小孩子，那就變成了三個人、四個人的保費、險種也不同，就愈買愈多……。

假設一個單身男子，買了醫療險後又覺得癌症險不夠，這時候碰到了某乙業務員，覺得一個保險似乎也不會太貴，1萬元左右，可以負擔得起就買了。可能幾年後結了婚，多了太太，幾年後再生了小孩，成員又向上增加，保險的項目也愈加愈多，過了幾年後才突然發現：哇！原來我已經向A、B、C、D、E……好多家保險公司買不同的產品。

我自己有很多的朋友和保戶，包括他們的小學同學、國中同學、失散多年不見的朋友、還有左右鄰居、叔叔阿姨等一堆人都在做保險，每個人都在介紹你買保險，似乎都講得很有道理，所以聽的人就不知不覺地買了好多個保險，累積起來，一年繳30、40萬元保險費的大有人在。

景氣好的時候都好像不是太大的問題，景氣不好的時候怎麼辦？

一年繳30萬元，它是一個大數目喔！但最近幾年不景氣，可能你的收入也減少許多，無法再繳那麼高額的保險費，於是繳到一半，決定不繳了，這時保險公司賺得更多，因為前面的獎金都發完了，業務員和公司的口袋都裝

得滿滿的，又沒發生理賠，然後你就不想繳，可是此時的你可能正要邁入中年，身體開始老化，正需要用到保險的時候，你卻喊卡。這對保險公司而言是穩賺不賠的生意，最倒楣的還是這些無辜的保戶，沒有遇到好的保險業務員（好業務員當然也很難找）。

不當冤枉的保險奴 · 守則2

認清保險業務員的推銷動機

我要說句不怕得罪人的話，說實在的，有很多人是因為找不到工作才勉強去拉保險，或者他想要賺更多錢，因為保險業的佣金比較高，我不敢說全部的保險業務員都是抱持這種心態，但是比例應該不低。再加上保險公司的教育訓練總是以高額佣金當誘餌，在職前訓練時，不斷對他們洗腦，除了介紹公司產品有多麼好，就是一直鼓吹：「你只要做成一件CASE，你可能就三個月不用辛苦，比上班好賺多了。」

在那樣的工作環境下，每個業務員都努力地去介紹他身邊的親朋好友去買高保費卻低保障的保險。這個業務員的心態就是要賺你的錢，因為保險公司就是要業績。在保險公司跟保險業務員兩者都不是很好的這種行銷的心態和模式，長久累積下來，倒楣的就是消費者。

業務員推銷的話術

　　業務員其實也蠻可憐，不只一般民眾對保險一知半解，很多保險業務員進入公司之後，他也不可能馬上對所有的商品瞭若指掌，公司叫他賣什麼，他就去賣什麼，並且利用生活周遭的人際關係推銷產品。

　　原來的業務員如果是Ａ公司的，他碰到的親朋好友買的如果是Ｂ公司的產品，買了好幾年了，他就會說Ｂ公司的產品何如何差勁，我的Ａ公司最好，有些客戶也搞不清楚狀況，就把原來買了很多年的Ｂ公司產品給解約了，改買Ａ公司的產品。萬一這個客戶又碰到另一個Ｃ公司的業務員，Ｃ公司的又會說Ａ公司的產品如何如何的不好，又把Ａ公司的產品給解約掉，長久的惡性循環，造成很多人對保險業負面的批評，這不是沒有道理。

　　尤其以前保險業務員跳槽的風氣很盛，他從Ａ公司跳到Ｂ公司，因為跳槽的時候，Ｂ公司會給他一筆跳槽金，再從Ｂ公司又跳到Ｃ公司，Ｃ公司又給他一筆跳槽金，Ｃ公司又跳到Ｄ公司，Ｄ公司又給他一筆跳槽金，他除了每年在賺跳槽金之外，他還另外賺了一筆，因為他跳到Ｂ公司，他把他的客戶原來向Ａ公司買的，也把他解約改買Ｂ公司的產品，等他跳到Ｃ公司的時候又把他Ｂ公司的解約改買Ｃ公司的產品。

　　幾年下來，有一天我的一個客戶打電話給我，他說：

「劉先生，很不好意思，我有一個很笨的問題要請教你，我這個保險當時是向Ａ公司業務員買的產品，講好是繳二十年就不用再繳了，可是我最近才發現，我已經繳了七年了，可是我好像還是一直在繳第一年的保費。」原來細談之後，他才知道他的保單隨著這個業務員跳槽了好幾間公司，因為這個客戶平常工作很忙，也很相信這個業務員，所以很多事情就聽他的，也搞不清楚自己目前的保險狀況。

保戶真的虧大了

原來不是所謂的轉換保單，而是把舊的保單解約去買新合約，這個業務員除了領取當時的跳槽金外，他還把這個客戶每年的保險換一家公司，因為大家都知道，保險公司第一年的佣金最高，他如果向Ａ公司繳了三年、四年之後，佣金就不可能這麼多。所以，這個不肖的業務員就會把客戶向Ａ公司買的產品，第二年或者第三年再轉換到Ｂ公司，這樣他又變成重新買一張保單，那佣金是不是很高？再隔一、二年，再把他轉到Ｃ公司，又是一件新的案子，佣金一樣很高，可是保戶有很多不明究理，可能因為他繳的保費都差不多，就沒有再去詳細詢問自己的保單內容。

舉個例子，這個保戶如果一年繳10萬元的保險費，繳

到Ａ公司，這個業務員早期佣金可能比較高一點，我們以一半50％計算，第一年這個業務員賺5萬塊。可是第二年、第三年呢？幾乎沒有什麼賺頭，以後也是一樣，那麼這個業務員如果跳槽到Ｂ公司，他就會想辦法把這個保戶原來的保單從Ａ公司轉到Ｂ公司，表面上和客戶說是幫他轉約、轉換，其實不是轉換，而是把舊的保單解掉、停掉，再向Ｂ公司再買張新的保單，那麼他的保費可能是仍然是一年10萬元，那麼這個業務員又可以再賺50％，又能再賺5萬元佣金。

同樣的如果情況一直重覆，業務員換了四家保險公司，那麼他的保戶每年繳了10萬元的保費，這個業務員搞不好可以賺到20萬元，可是如果他

> 買保險的時候十萬要記住——保險並不能幫助我們賺大錢。

不跳槽，除了第一年的50％獎金，之後就再拿不到佣金了。很多不明究理的保戶，他第一年向Ａ公司買，只要繳二十年就可以終身保障了，可是他跟著這個業務員一直換了公司，那麼他除了繳費，也要往後挪個幾年繳費的時間，才算繳滿二十年，所以才讓這個保戶覺得奇怪，為什麼總是在繳第一年的費用，這個繳費期間好像遙遙無期。類似的案例實在太多，把保戶的錢當流水浪費了，白白的花掉了。也難怪所有的保戶都對保險公司敬而遠之啊！

買對保險哪有那麼難？

我再一次要強調，在這本書裡面，我會清楚地告訴所有的保戶朋友們，保險是一個非常簡單的東西，但是買保險的時候千萬還要掌握最關鍵的一點：保險並不能幫助你賺大錢，什麼投資型保單、儲蓄型保單、領一輩子啦……等等這種話術都是很不切實際的，只需要花一點點的錢去買足夠的保障，這樣也不會影響到你的生活品質。譬如，你還是可以買房子，孩子的教育費、自己的養老基金，都可以要靠其它的理財管道來規劃的，而不是通通都靠保險，保險它不是萬能的。

保險最大的功能是，一旦發生風險的時候，能夠彌補家庭十年至二十年穩定的生活，記住！它的保費只要一點點，也一定是薪水階級可以負擔得起。

買保險不要貪心，財富是一點一滴累積下來的，我在這裡要強調：只要買對保險，你根本不要花太多的錢去買保險，只要花少部份的錢去買很高的保障，這樣子我們就能夠心安。而養老金、兒女的教育金要靠別的理財管道來規劃，反而可以達到你想要的理財成效，希望讀者讀完這本書之後，能夠有更深切的了解與認識。

Part 1

保險，還是理財？

3分鐘剖析數字的花招，
讓你不再被唬弄！

一、了解「利率」的真相❶
——從存100元説起

　　在這本書中的第一個章節，我不是要談保險，而是要跟讀者分享「利率」的概念，為什麼要先談「利率」？不好好談保險？因為大部分的保險商品都和利率的數字有密切的關係，若能先搞懂利率的概念，對於保險的各種數字花招，你就如同有孫悟空的火眼金睛一樣，馬上能辨明真相。

　　利息的觀念，是金融商品裡非常重要的因素，很多人是因為這個金融商品的利息看起來很高，就向業務員購買。這樣到底划不划算，且讓我分析給您看看。

非常簡單的利率概念

　　我的兒子大概在小學五年級時，數學課本就有教過什麼叫作利息。大家也應該都在小學的時候學過，最簡單的一個概念就是：假如我有100元，把它存在銀行裡，它的定存利息如果是5％的時候，一年以後，它的利息會有多少錢？很簡單嘛，100元的5％就是5元。當利息是5塊錢，那它的本金加利息是多少，就是105元，也就是我們所說的本利和。

◎表一：從頭到尾就存一塊錢的複利表

利率年度	0.005	0.008	0.010	0.020	0.030	0.040	0.050	0.06	0.07	0.100	0.150
1	1.005	1.008	1.010	1.020	1.030	1.040	1.050			1.100	1.150
2	1.010	1.016	1.020	1.040	1.060	1.081	1.102			1.210	1.322
3	1.015	1.024	1.030	1.061	1.092	1.124	1.157			1.331	1.520
4	1.020	1.032	1.040	1.082	1.125	1.169	1.215			1.464	1.749
5	1.025	1.040	1.050	1.104	1.159	1.216	1.276			1.610	2.011
6	1.030	1.048	1.061	1.126	1.194	1.265	1.340			1.771	2.313
7	1.035	1.057	1.072	1.148	1.229	1.315	1.407			1.948	2.660
8	1.040	1.065	1.082	1.171	1.266	1.368	1.477			2.143	3.059
9	1.045	1.074	1.093	1.195	1.304	1.423	1.551			2.357	3.517
10	1.051	1.082	1.104	1.218	1.343	1.480	1.628			2.593	4.045
11	1.056	1.091	1.115	1.243	1.384	1.539	1.710			2.853	4.652
12	1.061	1.100	1.126	1.268	1.425	1.601	1.795			3.138	5.350
13	1.066	1.109	1.138	1.293	1.468	1.665	1.885			3.452	6.152
14	1.072	1.118	1.149	1.319	1.512	1.731	1.979			3.797	7.075
15	1.077	1.126	1.160	1.345	1.557	1.800	2.078			4.177	8.137
16	1.083	1.135	1.172	1.372	1.604	1.872	2.182			4.594	9.357
17	1.088	1.145	1.184	1.400	1.652	1.947	2.292			5.504	10.761
18	1.093	1.154	1.196	1.428	1.702	2.205	2.406			5.559	12.375
19	1.099	1.163	1.208	1.456	1.753	2.106	2.526			6.115	14.231
20	1.104	1.172	1.220	1.485	1.806	2.191	2.653			6.727	16.366
21	1.110	1.182	1.232	1.515	1.860	2.278	2.785			7.400	18.821
22	1.115	1.191	1.244	1.545	1.916	2.369	2.925			8.140	21.644
23	1.121	1.201	1.257	1.576	1.973	2.464	3.071			8.954	24.891
24	1.127	1.210	1.269	1.608	2.032	2.563	3.225	空白處		9.849	28.625
25	1.132	1.220	1.282	1.640	2.093	2.665	3.386	自己		10.834	32.918
26	1.138	1.230	1.295	1.673	2.156	2.772	3.555	算算看！		11.918	37.856
27	1.144	1.240	1.308	1.706	2.221	2.883	3.733			13.109	43.535
28	1.149	1.249	1.321	1.741	2.287	2.998	3.920			14.420	50.065
29	1.155	1.259	1.334	1.775	2.356	3.118	4.116			15.863	57.575
30	1.161	1.270	1.347	1.811	2.427	3.243	4.321			17.449	66.211
36	1.196	1.332	1.430	2.039	2.898	4.103	5.791			30.912	153.151
37	1.202	1.342	1.445	2.080	2.985	4.268	6.081			34.003	176.124
38	1.208	1.353	1.459	2.122	3.074	4.438	6.385			37.404	202.543
39	1.214	1.364	1.474	2.164	3.167	4.616	6.704			41.144	232.924
40	1.220	1.375	1.488	2.208	3.262	4.800	7.039			45.259	267.863

簡單的公式：本金＋利息＝本利和

左頁有一張圖表是我做出來的，大家可以用Excel去換算一下。

有些讀者會說，我就不懂電腦啊，我不會用Excel，這個利息我也不會算啦！其實絕對不是不會算，是各位懶得算。

拿起計算機來敲一敲

15年前，我剛開始從事保險的時候，有一位保險界的前輩，他告訴我一件事情，有很多人去買了那種三年還本的儲蓄型的保險，他跟我說，這不是很好的保險。但是那個時候我才剛進入保險界工作，雖然我也覺得有些不妥，可是我只知其然而不知其所以然，我也講不出個為什麼。然後有一天，他拿了一張自己做的這個表（也就是22頁列出來的圖表），用最笨的方法，用電子計算機一個一個的算給我看。

> 原來，把錢存在銀行裡比買三年還本或五年還本的保險產品要好很多。

他說：「你看看，那時候如果我們自己把錢存在銀行裡面二十年也好、存三十年也好，比自己把錢放在保險公司裡所賺的還要多。」我想一想才突然驚覺，怎麼會這樣？這一個數字，告訴我一個重要的事實，原來，把錢存

在銀行裡比向保險公司去買三年還本或五年還本的產品要好很多。這個發現讓我覺得很震撼，也影響我日後的理財觀念。

這張表是怎麼計算出來的？我希望所有的讀者在看這本書、這個章節的時候，一定要用心體會。雖然它是最枯燥最乏味的章節，卻是最重要的！一旦能理解之後，以後無論買什麼樣的金融商品，有關利息的部份都可以套用這張表格，可以換算怎麼樣才能划得來，而不是一昧地聽業務員說這個保險的「利率」有多高，就盲目的投資下去。

保單中的「預定利率」不是定存利率

「預定利率」是保險業務員常用的話術，但並不代表銀行真正的定存利率，也不代表投資報酬率。中國字很奧妙，差一個字差很多，何況它還差了兩個字。利率就是利率嘛，它卻叫『預定利率』，一定有鬼。

各位要知道，在保險公司所說的「預定利率」，絕對不是代表銀行真正的定存利率。可是有很多業務員也搞不清楚喔，而連帶著客戶也不清楚。

> 保險公司所說的「預定利率」，絕對不是代表銀行真正的定存利率

當你在看這單元時，最好在旁邊也準備一台電子計算機，跟著我告訴你們的，一邊做，一邊按。這很簡單，小學五年級都教過的事情，各位

千萬不要排斥，等你們自己按出來一個數字以後，以後通通都會用。

存100元之後，20年後變成多少？

　　22頁的表比較簡單，假設我這一輩子存一筆錢，不管是1塊錢也好還是100塊錢（各位可以在計算機上只按1就可以），我當利息是千分之五時（可參閱22頁的表一，左邊直排1~10⋯⋯的數字是年度、上面橫排0.005的則是利率）若我將同樣的1元放在千分之五或是千分之八的利息裡面，甚至是1％、2％、3％的利息裡面，我只要存一筆錢，經過了十年、二十年、三十年後，1元會變成多少錢呢？

　　請拿著電子計算機和我一樣，按下數字1（1元），因為它是千分之五，所以是1 × 0.005＝0.005（利息），本利和是1.005（1+0.005）。

　　也就是我在第一年年度結束的時候，會有1.005元，其中的1代表原來的本金，0.005則是利息。

　　如果我只乘以0.005的話，就是很單純的1×0.005＝0.005，這代表利息。

　　如果乘以1.005的話，就是代表本利和。不要弄錯了喔！

　　然後我們再把第一年年度末的本利和1.005當成第二年度初的本金，又存入銀行裡面去，這個動作是一直持續

的。1.005×第二年的1.005，所換算出來的第二年度數字就是1.010，也就是第二年的本利和。我再把第二年度的本利和存到銀行裡去，又經過一年，如果還是千分之五利息的話，再乘以1.005，就變成1.015。

第四年，我們做同樣的動作乘以1.005，看22頁的表格上面的數字1.020，幾乎是一模一樣的，然後再乘以第五年1.005算出來是1.025再乘以1.005變成1.030。這個動作就這樣一直持續下去，很簡單。

你就開始用你的計算機一直乘以1.005，經過二十年後變成了1.104倍，原來的1元成1.1元左右，會多了0.1元。四十年後，1元會變成1.2元，這是利率約千分之五的報酬率。

各位如果把這1元換成1萬元，也是一樣的意思，經過十年後會變成1.051倍，也就是10,000 × 1.051倍＝10,510元，經過四十年會變成約12200多元。

當利率等於5％時

來看看如果利率是5％的算法是多少。其實算法一樣，把1元乘以1.05，在計算機上要按1.05，當然乘出來的第一年是很單純的1.05，想知道第幾年的本利和是多少就以此類推乘以幾次1.05。

你會發現1元經過四十年變成7元，1萬元變成7萬多

元，如果當時存的是100萬元，到了第四十年的時候就變成700多萬元。

假設我們現在以100萬來做例子，100萬放在5％的定存利率裡面，經過三十年以後它會變成432萬，經過四十年以後會變成703萬，這算不算多呢？扣掉本金100萬，賺了600多萬啊！

不可小看定存＋時間的魔力

如果是1千萬呢？1千萬放在5％的定存裡面，經過三十年的時候1千萬變成4321萬，經過四十年的時候，1千萬變成7039萬，只要5％的定存，它就有這樣的魔力。不用去依靠什麼保險公司，也不需依靠什麼投資型的金融商品、股票基金，自己慢慢的存也會有這樣的數字，但這需要時間的累積。所以有句俗話說：「積沙成塔」，它是慢慢累積起來，絕不可能1萬元在幾天或幾年就能變成幾千萬，沒那麼好賺的事。

5％的利率是這樣子，那利率如果高達10％呢？那就更可怕了。

跟我一起做，3分鐘了解真相

各位一樣可再拿計算機出來算看看，1元乘以1.1（也就是10％）、再乘以1.1，每多一年就再多乘一次1.1，二十

年的話是變成6.727，一塊錢的話二十年就變成6元，1千萬變6727萬。

目前有哪個金融商品，它是有保證利率的？但是，定存最起碼是有保證，有哪個金融商品有保證10%的利率？現在應該很少，但前一陣子都還有4%、5%的金融商品。

我來出一個功課，因為我只列出來0.5%～5%跟10%的利率，中間不管有多少%的利率都沒關係，圖表上的是空格，就留給各位聰明的讀者來算，你們可以馬上拿著電子計算機，就算你們不用excel也沒有關係，因為有很多的讀者朋友不會使用excel，雖然它算出來的很準確，但其實我們自己按按計算機，只要花二至三分鐘的時間，就能夠把投資報酬率是8%的或是6%的結果像我一樣列出來。這輩子你可能只要花三分鐘的時間去按按計算機，就會對利率這個觀念恍然大悟了。

> 這輩子你可能只要花三分鐘的時間去按按計算機，就會對利率這個觀念恍然大悟。

各位可以跟著我一起做；1元×1.08×1.08，第二年是多少？答案是1.166。然後再×1.08，依樣畫葫蘆的按到第二十年或第三十年的時候，你會發現，到了第三十年的時候會變成10倍。1元變成10元，1萬元變成10萬元、100萬元變成1千萬元、1千萬變成1億。

只是簡單的利率概念

　　有人看到這裡，會覺得恍然大悟了，「什麼嘛！這麼簡單的概念，大家都會啊！」沒錯，這的確非常簡單，但你知道保險公司就是用同樣的概念，變化出各種琳瑯滿目的保險商品在混淆你嗎？

　　各位讀者朋友們一定要好好地利用22頁的這張表，這張表的意義我再重覆一遍，它是代表我只要有一筆錢，哪怕是一塊錢，只要按照這個比例用電子計算機乘算下去，經過數年之後，它的數字就是你存入的錢和利息的總和。

　　我相信各位看到這裡之後，應該已有了一點點的概念。就請你耐著性子看下去。

二、了解利率的眞相❷
——每年存100元之後……

　　接下來我們來介紹利率的第二種情況。當你每年固定存入一筆固定的金額時，在本金和利率上又有什麼變化？

　　右頁的圖表跟保險商品還有定期定額的基金有點像，它是每年固定存一筆錢的複利表，跟我剛剛講的從一開始只存一筆錢是不一樣的。那麼每年存一筆錢它的利息是怎麼算呢？只是多一道手續而已，如果我們將錢存在保險公司，假設保險公司告訴你利率是1%好了，我們還是以1元來計算，1元×1.01＝1.01，結果就是1.01元（第一年度末的本利和）。

　　但是記住！它是每年存1元。我再把這個1.01加1元來代表我第二年存的錢，經過第二年的利率之後，再乘以1.01變成2.03元。第三年，再加1元，乘以1.01變成3.06元，表示我存了3元，後面的0.6是我的利息，以此類推。

每年固定存入一筆錢，積沙成塔

　　再看右頁的表二只是每年再加1元而已，我用這一個最笨也最簡單的方法告訴大家，利率是1%的時候，每年存1元，到了第二十年的時候我會有22.239元。那麼5%會

◎表二：每年存1元的複利表

利率 / 年度	0.005	0.008	0.010	0.020	0.040	0.050	0.060	0.100	0.150
1	1.005	1.008	1.010	1.020	1.040	1.050		1.100	1.150
2	2.015	2.024	2.030	2.060	2.121	2.152		2.310	2.472
3	3.030	3.048	3.060	3.121	3.246	3.310		3.641	3.993
4	4.050	4.080	4.101	4.204	4.416	4.525		5.105	5.742
5	5.075	5.121	5.152	5.308	5.632	5.801		6.715	7.753
6	6.105	6.170	6.213	6.434	6.898	7.142		8.487	10.066
7	7.141	7.227	7.285	7.582	8.214	8.549		10.435	12.726
8	8.182	8.293	8.368	8.754	9.582	10.026		12.579	15.785
9	9.228	9.367	9.462	9.949	11.006	11.577		14.937	19.303
10	10.279	10.450	10.566	11.168	12.486	13.206		17.531	23.040
11	11.335	11.542	11.682	12.412	14.025	14.917		20.384	28.001
12	12.397	12.642	12.809	13.680	15.626	16.712		23.522	33.351
13	13.464	13.751	13.947	14.973	17.291	18.598		26.974	39.504
14	14.536	14.869	15.096	16.293	19.023	20.578		30.772	46.580
15	15.614	15.996	16.257	17.639	20.824	22.657		34.949	54.717
16	16.697	17.132	17.430	19.012	22.697	24.840		39.544	64.075
17	17.178	18.277	18.614	20.412	24.645	27.132		44.599	74.836
18	18.879	19.432	19.810	21.840	26.671	29.539		50.159	87.211
19	19.979	20.595	21.019	23.297	28.778	32.065		56.274	101.443
20	21.084	21.768	22.239	24.783	30.969	34.719		63.002	117.810
21									
22									
23									
24									
25									
26									
27									
28									
29									
30									
40									

空白處，
可以自己算算看

是多少呢？一樣的算法，到了第四年時1元×1.05+1元×1.05+1元×1.05+1元×1.05=4.525（此為按計算機的順序，和數學公式先乘除後加減無關），就變成4塊多。

我每年存1元放在5％投資報酬率的定存裡面，每一年都再存1元，二十年後雖然只存20元，但本利和會得到34元。假設每年存了1萬元，二十年放了20萬元，但二十年後其實會得到34萬元。假設每年存10萬，放在5％的投資報酬率裡面，第二十年的時候共放了200萬，但實際上會得到10萬的34倍多，也就是347萬，整整多出了147萬。31頁的表格

> **現在拿出你的儲蓄險保單來算一算，或許你會發現，把錢存在銀行裡還比較划算。**

上那些空白的部份，各位讀者，你一定要自己用心地填上去，最好自己做一張完整的表格。

我為什麼要求各位一定要試著自己用電子計算機，因為你只有自己親手去做，你才會相信這個事實。不管是不是業務人員講的、投資理財專員說的、還是電視廣告上所宣傳的，那些都暫時先將它擱置起來。你只要利用閒暇的時間，不管3分鐘還是5分鐘，只要用心地操作過後，你一輩子受用無窮。

把錢存銀行、買儲蓄險，哪個划算？

31頁「每年固定存一筆錢」的表格，和22頁的「只存

一筆錢」的表格是不一樣，因為每年存一筆錢的模式就好像保險一樣。保險就是要你每年存一筆錢，告訴你經過多少年後可領回多少錢。各位要是不相信的話，可以拿出你的儲蓄險保單來算一算，或許你會發現，把錢存在銀行裡，還比較划算。

而且保險公司有可能會被賣掉，你不知道在繳了二十年保費之後，保險公司還在不在，會不會本來是外商公司的變成本土商，本土商的變外商，互相外商賣來賣去的機會也是大有可能。還不如把錢存在銀行，還有政府掛保證。

你看今年的金融風暴，我們的ING（安泰人壽）、AIG（美國國際集團American international group）、保誠人壽、大都會人壽和前陣子的蘇黎世人壽的狀況是怎麼樣呢？雖然他們保證就算是產權轉移，保戶的權益並不會改變，但如果你是這幾家的保戶，會不會覺得怪怪的？

這兩個利率的表格，請反覆練習熟悉，一定讓你受用無窮。接下來我都會引用上述的兩個利率表格來說明我後面所要講的一些重要的保險商品，告訴你，它們到底是好還是不好，用這二張表就可以作印證。所以各位讀者朋友們，請你們一定要花一點點的時間將這篇章節看得很清楚。

三、簡單的利率概念
——教你運用到保單中

　　很多的保險商品都是二十年期繳費的終身險，也就是繳完二十年的保費之後，雖然不用再繳保費，可是保險公司的利率還是應該持續給你，保障也維持一樣。我用31頁的利率表格舉例說明，然後以利率5％試算。假設我一年繳1元，二十年後連本帶利共有34.719元，可是在第二十一年之後我就不用再繳了，但是這筆錢依然放在保險公司裡面，照算利息給你，是不是就符合了22頁利率表格的情況？變成從第二十一年起，我就只存一筆34.719元的錢在保險公司裡，但利滾利的情況依舊延續下去。

　　舉例來說：如果我在前二十年，每年都存1元，以利率5％來計算，20年後的本利和為34.719元。但從第二十一年開始之後，我不再每年都存1元了，仍將34.719元繼續放在這個金融商品裡，每年照樣有5％的利率，再經過20年後，總共40年了，我的本利和為34.719元×2.653倍＝92.109元（倍數部分，直接參考22頁的5％第二十年的倍數，即是2.653倍）。

保單的利率是怎麼算的？

雖然目前有很多的金融商品並不一定都用固定的利率來計算，但我只是講一個最簡單的概念而已，各位要靈活運用這兩張利率表格。

5%的利率，經過四十年的時間，1元會變成92元。

我們再以3%的投資報酬率來看的話，每年存1元經過二十年後會變成27.676元，若再經過二十年時間只存一筆27.676元，則再把27.676×1.806倍＝49.9元。

同理可證：每年繳1元，繳了二十年，也就是20元，3%利率會得到27元，不再繳費後，再經過二十年就變成49元。

每年繳1萬元，繳了二十年，也就是20萬元，3%利率會得到27萬元，不再繳費後經過二十年就變成49萬元。

每年繳10萬元，繳了二十年，也就是200萬元，如果再加上3%利率會得到276萬元，不再繳費後再經過二十年就變成約499萬元。

現金價值等於解約時拿到的金額

不知道在看完這個章節之後，你是否對利率有沒有了一些概念，可以拿出自己的保單，前面2、3頁裡會有個叫「現金價值」的欄位，它表示我每年繳了多少錢，每個年

度會有多少的現金價值，經過第五年、第十年會有多少的現金價值（當時的價值）。

　　而這所謂的「現金價值」，就是當你的保險萬一要解約的話，那就是能領回的金額。不過各位可以看看，如果我一年繳10萬元，繳二十年後，如果想解約的話會虧多少錢，隨便拿一張保單來看就清清楚楚了。

四、單利和複利差很大
——原來保單都是這麼算的！

不同的利息計算方式會讓利率的影響加大，利率的計算方式有2種：

1. 單利：指本金存放一段期間（年度）後所生的全部利息，除以那一段期間的平均值。

2. 複利：指本金存放一年後所生的利息，再滾入本金再生利息。

如果100萬元以單利計息，利率是5%，那麼每年利息5萬元。不過如果以複利計算，100萬元存款，第一年利息5萬元，第十年利息63萬元，可領到的利息比單利多，時間愈久，差距愈大。（請參閱38頁的表格）

保單利率的真相

簡單的說，如果今天存100元，以利率5％來計算，經過十年，我變成162.8元，讀者可以翻翻22頁的利率表，在5％的欄位第十年是不是1.628，也就是100元以複利計算，10年後的話，利滾利的結果就變成162.8元。

◎單利5%複利5%的差別

	存100萬元/單利	存100萬元/複利
	利息：平均每年都是5萬	複利：除第一年利息同左外，第二年後，平均每年都超過5萬（參閱22頁表格）
1年後	利息5萬(5萬÷1年=平均5萬)	利息5萬(5萬÷1年=平均5萬)
10年後	利息50萬 (50萬÷10年=平均每年5萬)	利息63萬 (63萬÷10年=平均每年6.3萬)
20年後	利息100萬 (100萬÷20年=平均每年5萬)	利息165萬 (165萬÷20年=平均每年8.25萬)
30年後	利息150萬 (150萬÷30年=平均每年5萬)	利息332萬 (332萬÷30年=平均每年11.07萬)
40年後	利息200萬 (200萬÷40年=平均每年5萬)	利息604萬 (604萬÷40年=平均每年15.1萬)
	以第40年舉例說明：100萬5%單利，40年後利息共200萬，平均除以40年，每年利息僅5萬。	以第40年舉例說明：100萬5%複利(利滾利)，40年後利息共604萬，平均除以40年，每年利息15.1萬。
獲利比較		＊勝很大

　　有一位業務員就是這樣跟保戶講說：「你看十年以後賺了62.8元。」那麼62.8元除以十年，平均每年的利息是6.28元，聰明的你，看出有什麼不對了嗎？

　　雖然利息是6.28元沒錯，但是它的利息除以十年，這是單利，平均一年的利息6.28元，但是這絕對不是複利。

　　我們在這裡所講的是複利，那麼複利的利息應該只有5%而已，不是6.28%，差1%差很多。再重覆一次，我把100元放5%的金融商品中，因為利滾利的關係，十年之

後變成162.8元，那它的複利是5%而已，它的平均單利是6.28%，複利跟單利就有很明顯的不一樣。

注意！保險公司常故意混淆複利與單利

單利和複利是不一樣的，剛剛講的這個是第十年，如果說各位往下看第二十個年頭，是2.653倍，除了扣掉原來的本金是1之外，我多賺了1.653倍，如果除以20年的話，哇！年利率大概8.265，8.265是單利，絕對不是複利，如果業務員告訴你這張保單投資報酬率有多好，利率高達8%，大家瘋狂的去買，可是實際上他講的是單利的8%並不是複利的8%，這張保單的複利還是只有5%而已，只不過它經過的時間是二十年，所以它變成2.653倍，扣掉原來的本金1，實際上多賺了1.653。1.653換算成複利只有5%，換算成單利就是8.265%。

目前很多的基金、投資型保單，經過了三年、五年，甚至二十年，你看它的績效很可觀，哇！20年賺100%，各位會覺得很多，可是100%除以20年，1年就有5%，可是這是單利，但你換算成複利的話，大概只有3.5%左右。這就是利率的數字遊戲。

用複利的結果，偽裝成單利的數字

單利和複利的差別很大，尤其是複利，時間愈長它

展現的效果會愈大，我們再把這個5%的利率拉長，各位可以看一下就知道單利和複利差很多了，它的複利還是5%，經過四十年，它換算的結果是7.039，各位讀者可以看一看，7.039減1（因為1還是原來的本金）多了6.039，但是經過四十年除以40，換算結果好像是15%，你以為你的複利高達15%，它的複利應該是只有5%而已，數字的迷思就是這樣產生的。

我們看第一年，本金同樣是1元，以5%來計算，它的單利是5%、它的複利也是5%，一模一樣，但是第二年、

第三年、第四年它的效果就不太一樣了，時間愈長，複利的效果會愈來愈好，如果是15%的複利經過四十年後，那不得了，應該是267.86倍，那這個保戶賺翻了，投資1元，40年後變成267.86元。

複利一定要利滾利，一定要把原來的本利和再繼續存，而單利不是，單利只把你幾年總共所賺的錢再除以存錢的年數，兩者的差別會非常的大。所以希望讀者，當業務員跟你說獲利如何時，你要問他是單利還是複利，因為放在銀行裡面都是複利計算。放在銀行裡一筆錢一直不去動它，你跟銀行約定，只要我不去管它，以利滾利的方式一直衍生下去，這就叫做複利。

換句話說，當你的保險業務員告訴你，這保險商品的利率有10%，那你可能要先了解一下，他是怎麼計算的。

五、投資，經常是一場騙局
——「貪」和「貧」兩個字超像的！

　　講完了利率的真相之後，在切入保險的正題之前，我想再講兩個故事，這兩個故事會有點冗長，卻是真人真事，影響我一輩子的理財觀念，想跟大家分享，或許藉由故事的型態來呈現，會比我說千百個道理，更能讓你印象深刻，也更有感觸。

　　我有一個小我二歲的小陳學弟，他在念軍官學校的時候，功課及各項表現都非常傑出，在班上永遠都是第一名，畢業的時候，也是全校第一名，是一位非常優秀的軍官。民國七十六年畢業時分發到部隊，四、五、六年級的同學應該都還有印象，民國七十年左右，尤其是七十七、八年的時期，台灣的股票衝到上萬點，各行各業都欣欣向榮。

投資風氣迷惑人心

　　既然股票上萬點，彌漫在社會各階層都有一種「我不要上班了」、「我去買股票就好」、「我去賺一個漲停版可能就超過我一個月的薪水，我何必要努力上班？」「何必辛苦賺一個月1萬多塊的薪水？」（那時候一個月1萬多元

的薪水已經很不錯，記得我23歲畢業的時候，中尉軍官的薪水也才1萬4千多元）隨便一個漲停板搞不好就能天天賺個一萬多、二萬多，誰還想每天朝九晚五辛苦上班呢？

再加上那時民間有兩大投資怪獸：鴻源投資、龍祥投資，讓龐大的金錢遊戲席捲整個台灣，甚至陷入瘋狂的狀態。

鴻源和龍祥投資之所以能吸引成千上萬的會員，很簡單，用利誘！你只要用15萬元投資一個單位，每個月可以領4千多元的利息（利息大概32%），放30萬元每個月就可以領8千多元的利息，如果再介紹別人加入的話，自己能拿的利息又更高。所以只要放個30、40萬元的話，一個月搞不好就能有高達上萬元的分紅獎金，利息超過50%，那何必辛苦工作？

以前的鴻源和龍祥投資事件，引起極大的金錢風暴！

這種金錢遊戲的規模愈滾愈大，政府也不去管，等到事情變得一發不可收拾的時候才去收拾殘局，可是倒楣的還是社會大眾。很多的老先生、老太太將他們的終身退休金全投入鴻源、龍祥……等等的投資機構，大家都想要賺很多的錢，到最後變成一無所有、傾家盪產。鴻源和龍祥的老闆頂多被關幾年，出來後又是一條英雄好漢，但是我們這些投資大眾人，血汗錢幾百萬下去全化為烏有，要賺多久才能再回本（20年前的幾百萬是一筆很大的數字）？

如同去年發生在全球的金融風暴一樣,尤其是連動債,到最後幾乎都是血本無歸,而且不光是個人,連很多的企業也深受其害。我發現類似的金錢遊戲大概每十年或二十年左右都會重覆一次,消費者大眾也永遠不會記取先前的教訓,而是一再盲目地被騙。

貪小利,陷入投資的深淵

我的小陳學弟,有一天突然問我:「學長,我一個月賺1萬多元,我盡量節省,每個月存1萬元,一年存12萬元,十年才存120萬。什麼時候才買得起房子?」那時候的房價以台北縣的永和來算,大概一間30坪的公寓要價200、300萬元左右,就算他十年不吃不喝,也買不起一棟房子。所以,當他看到周遭的人都能用一些小本錢賺取豐厚的利息時,當然就心動,被他的同學拉去做投資。

每月10萬,利息高達3千元?

當時我還記得,他的同學姓王,這位小王學弟說:「只要繳10萬塊錢,每個月會有3千塊錢的獎金,比鴻源還要好喔。這麼好康的事,可不是天天有的喔!」一開始誰會相信哪有這麼好的事?當然小陳學弟剛開始也是聽聽就算了。

但這個小王學弟常常來找同學、學長出來聊天吃飯,

反正軍官下了班以後，有的是時間。看著這個小王學弟每次總出錢請客，從開始的路邊攤到西餐廳到最後是魚翅燕窩，所有的開銷都由這位王學弟大方買單。小王也從原來的騎摩托車到換了小轎車然後又換了進口車，全身也開始穿戴名牌，這短短幾個月的變化，小陳學弟都看在眼裡，心裡不免起了比較的心態，漸漸禁不起誘惑。

有一天，他主動地去問了小王學弟：「前一陣子你告訴我的那個投資，現在還可不可以參加？我想試試看。」這位王學弟當然說：「還有啊，你可以先從10萬元開始試試啊！如果你沒有10萬元，5萬元也行啊，我先借你5萬元，讓你補到10萬。」小陳學弟一聽覺得好像也不錯。

小陳學弟是非常孝順的小孩，那時候，他每個月賺了1萬4千多元的薪水，其中1萬元會給父母當家用，自己的零用金也就只有4千元，好不容易才存了5萬元，加上小王學弟又主動借他5萬塊，他就有10萬塊，雖然每個月3千元的利息和紅利要再和王學弟對分，他也沒關係，畢竟存5萬元還有1500元可拿也不錯。哪裡知道這就是步入罪惡深淵的開始。

被魔鬼迷惑

第一個月到期了，1500元拿到手時，他非常高興，還特地去吃路邊攤吃得盡興。第二個月也是拿到1500元，第

三個月也是，開始嚐到甜頭的他，於是主動找這位小王學弟問他能不能夠加碼到10萬元，王學弟哪有說不的道理？於是他就將這剩下的5萬元交給王學弟。接下來，他的獎金也從1500元變成3千元。又過了好幾個月，他一直都有領到這3千元，自認為這筆生意可以做。他算一算，10萬元，一個月能領3千元，三個月就是9千元，一年就是3萬6千元，只要兩年多，所有的本錢都能回收。從此開始，口袋裡的錢變多了，他也開始從吃路邊攤變成了吃西餐廳。

人啊！一旦有錢後就會開始變壞。不管他以前在學生時代是多麼優秀，不管他當了軍官後考績是如何優等甚至於特優，只要被金錢這個魔鬼給迷惑住，往後人生就開始變調。

隔沒幾個月後，這位陳學弟又問了：「我可不可以從10萬加碼到20萬？」他算算，如果他投資20萬元，一個月就有6千元利息，這6千元可是比原先的1500元好用太多了，於是他便加碼到20萬。

因為手頭變得寬裕，他也買了生平的第一部小轎車，是福特汽車。那時候的中尉軍官能開一台福特汽車，那是多麼拉風的一件事！上校都不一定有轎車，就算有也是屬於公務的，不是屬於私人的。這位陳學弟在部隊的考績很不錯，加上個性本來就大方，他又有一輛轎車，部隊裡面常常有人向他借。

因為部隊裡有很多老舊的吉普車常因故障無法使用，所以各單位的學長、長官、甚至於上校、少將都向他借過轎車，是去洽公也好，辦私事也好，他都大方出借。相對地，陳學弟在這個單位的人緣也愈來愈好。他發現，有錢真好用，平常工作不努力、稍微差一點也沒關係，因為這些長官和學長都欠他人情，他的人生觀、價值觀開始變調，認為只要有錢，沒有什麼事不能做到。

一些向他借車的學長、長官們也開始跟著他進行投資，一旦上癮了也欲罷不能，當時社會的風氣就是如此，投資的錢太好賺，工廠的工人也不去上班了，公務員也沒心辦公，都利用時間去炒股票，去參加龍祥、鴻源，反正大家都有錢賺，景氣一片榮景。我這位小陳學弟從剛畢業的二十二、三歲的兩、三年間，就能享受到這樣人生輝煌的成果。

投資200萬，每月領6萬利息？

終於有一天，王學弟召集了很多在軍中服役的學長和學弟一起吃飯，他把他當初為什麼會介入這個投資，10萬元有3千元利息的始末告訴大家。他說：「日本有很多報廢的傳真機、電話、影印機，用廢五金的名義進入台灣，而台灣有一群人則將這些東西重新修理組裝好，再以新品或半新品賣出去，這種買空賣空的手法，它的利潤很高，

因此，才會有這種投資10萬元，每個月有3千塊錢利息的好福利。」

他還特地神秘兮兮的說：「因為這件事並不想讓太多人知道，所以才只讓自己的學長、學弟知道。」而我學弟他們確實也拿到了一些電話機使用，所以就深信不疑。現在回想起來，當時的軍人都很笨，因為是在很單純且封閉環境之下培養出來的軍官，反而對社會上許多利誘和狀況都會搞不清楚。

沒有查證，盲目投資

聰明的讀者現在一定會問：「那他們有沒有看過組裝的工廠、維修的工廠或者一些廢五金進口的文件報表，甚至直接去看看公司呢？」他們都沒有，他們就是相信，完全不疑有他。再加上大家白天也都要上班，很多人在部隊裡是待二十四小時的，哪有時間去處理這些自己看不懂的事，就因為相信這位王學弟，被小王有計畫的一步一步的誘惑，讓每個人的胃口養大。因為他戴著鑽戒、開百萬名車，休假的時候從高雄回到台北也都搭飛機，再加上他故作神秘的說，不能讓太多人知道，免得生意被搶走，所以這群笨軍官也沒去求證或徵詢別人的意見。

就在那次的聚會當中，他宣佈了一項重大訊息：「我現在要跟各位說一個百年難得一見的投資機會，我為大家

爭取到每個人有20個單位的額度,也就是說一個單位10萬元,二十個單位是2百萬元。各位想想看,10萬元一個月可領3千元,20萬元一個月領6千元,200萬元是不是一個月就有6萬元的紅利或利息?」

為了取信大家,他找了10個自認為是很麻吉的好朋友共同參與投資計畫,而且只讓這10個人參加,外人還不行。當然,每個軍官手上哪有那麼一大筆錢,於是他慫恿我學弟他們去向親朋好友借,怎麼樣都要湊到這二十個單位,不然就虧大了。因為,當時這些人被灌迷湯已經有將近一、二年的時間,當小王宣佈這個消息時,大家都非常開心,哪會去管需不需要查證一下。

向親友借錢投資

大家也都相信,親朋好友也都相信,如此東借西借的,幾乎每個人都湊到了200萬,但都是向親朋好友借來的。(自己掏出來的錢不多,因為大家都是軍人,軍校畢業的學生,薪水本來就很有限)。一個人200萬,十個人2千萬,不到二、三個月的時間通通就定位。第一個月確實都拿到6萬元,大家都很高興,常約好下班後一起去酒店慶功。

第一個月和第二個月都領到了紅利,第三個月開始突槌,剛開始只是拖個三天、五天,就這樣一直拖了一個半月的時間後,大家受不了,因為每一個人大概都背負了快

200多萬的債務。但大家催債時又不敢大張旗鼓，因為都有軍職在身，事情鬧大也不好看。結果這個投資案，從頭到尾根本就是一場大騙局，沒有所謂的廢五金、電話機，而是拿預繳的10萬抽出3千元，先給你嚐甜頭而已。交個10萬元，大概要分個三年左右才會分完，這期間還會叫你再投資更多，根本是買空賣空，一旦撈到幾千萬後，再來個避不見面。

但其實這件事後來還是在軍方鬧大，而小陳為了討債，還差點被小工誣告「擄人勒索」，在軍隊裡也受到排擠，還有親友們的追債，人生一下子從彩色變成黑白，為了償還前債，利用職務之便、竊佔公款，遭到軍法的審判。他幾度都想要自殺來結束人生。

想佔便宜，反而成為輸家

或許這個故事有點年代久遠了，但別忘了，人性是不會變的，只是金錢遊戲的方式不同了，所以，做人不能貪心，只要一貪心，就會一步錯、步步錯，這跟我要講的保險議題其實也是習習相關。

我們在銷售保險有碰到很多讀者朋友，一段時間買連動債，一段時間買投資型保單，甚至還有買一些奇奇怪怪的東西，也是幾千萬都沒有了。

一個貪念就會把自己辛苦多年的積蓄給毀掉！

我有一位有錢的保戶，一年要繳1千2百萬元，居然被騙了，第二年通通都沒有。

貪和貧都很像

很多讀者跑去買投資型保單，結果馬上跌了三、四成甚至四、五成的大有人在。還有很多人拿畢生的積蓄去買保險，也全虧了，怎麼辦？其實買保險很簡單，意外險100萬，保費一年大概500、600元就可以了，1千萬的意外險，保費頂多5、6千元。怎麼會花到1、2千萬去買保險，為什麼？還是那個字，「貪」。

我跟很多的讀者朋友說，其實就是你自己貪心，當然這是其中原因之一。保險公司也好，保險業務員也好，他沒有善盡告知的責任，告訴自己的保戶可能有哪些不好的情形會發生，所有的業務員都以業績為重。1千萬他可以賺多少錢？以40%、50%的佣金率來算的話，1千萬他可以賺400、500萬元，他何必努力的工作？只要賣一張保單，就能吃好幾年！

前幾年時，市場上賣的都是這種產品，到了事情爆發之後才知道，完蛋！賠了一半。怎麼會有人去買這個產品？跟陳學弟一樣貪心嘛！貪心真的會把自己毀掉。

還有，一年繳100、200萬保費的人也不少，如此下去要繳二十年，一旦有一天投資報酬率降到負50%的時候，

那怎麼辦？

　　二十幾年前，我的學弟被倒了200萬都已經落得悽慘的下場，二十年以後，全台灣還是一樣瀰漫這種金錢遊戲，讓每個人瘋狂投入。以至於這一波的金融風暴造成多少家庭的破碎？

保險不可能賺大錢

　　我們想想看，若你有100、200萬元，如果不去買這種奇奇怪怪的金融商品，放在自己身上該有多好用，而不是被業務員舌燦蓮花的一些說詞給迷惑，為的就是貪圖那些8、9%的獲利，到底划不划算呢？你可以繼續看下個單元。

　　我為什麼要講這個故事，就是讓大家了解，保險就是保險，它絕對不可能讓我們發大財。如果今天買保險可以讓我發大財，你告訴我，我馬上去買。

　　如果你買一般的純保險，根本花不到多少錢。可是我從第一本書出版

> 哪個保險能賺大錢？趕快跟我說，我馬上去買！

以來，我每天大概接到10多通的哭訴電話，這三年以來，已經數不清回答多少位讀者的疑難雜症。這也是促使我一定要來寫《平民保險王》的動力，希望能夠用數字、用故事很清楚地的告訴所有的讀者朋友們，你只要看懂了這本

書之後，就不要再犯第二次錯誤。

這段故事告訴我們，千萬不要貪心，別因貪小利而迷惑了我們正常人的心智，沒辦法開源，只有節流。不要因為一步錯、步步錯而將自己的人生、整個家庭甚至整個家族給葬送掉。

人生本來應該是很快樂的，不要貪圖金錢的遊戲，因為慾望，看別人買LV、開進口車，就覺得一定不能輸給人家。即使自己只能吃陽春麵，但是我不用欠人家錢，心裡頭過得舒坦，慢慢存，總有一天能存到一筆錢，總有一天能過到好日子，何必急於一步登天？

六、阿嬤的不敗理財法
——節儉出頭天，省出7棟房子

　　我們家隔壁有個外省阿嬤，在民國三、四十年的時候跟著國民政府撤退到了台灣，她的丈夫也是外省人，兩人結婚生子，生了五個小孩，可以想像生活開支一定大得驚人，可是那時幾乎每個家庭都生很多小孩，大家生活也都很困苦。

　　阿嬤因為在戰亂時期長大，本身也沒念什麼書，大字不識幾個，曾經到過電子公司上班，但電子公司認為她不識字，一個月就將她辭退了，她只好扛著一大堆塑膠袋到菜市場賣給攤販，又到別人家裡去做幫傭，去幫人家帶小孩。老先生也沒念什麼書，只能在工廠裡做苦工。夫妻兩人辛苦工作，一個月的薪資卻只有微薄的二、三千塊，要養一家七口，還沒有房子住，小孩子陸續要上大學、要上私立的專科學校，學費、各項支出都非常驚人。

節儉出頭天，省出7棟房子

　　這個阿嬤雖然什麼都不會，卻非常會存錢。到現在已經民國快100年了，經過四、五十年的時間，我可以很大聲的告訴所有讀者朋友們，這位老奶奶目前已擁有七棟房

子。她不玩股票、不玩基金，不買儲蓄型的保險、跟會，更不懂得什麼是鴻源、龍祥，只會一點點慢慢的存，存什麼？就是「定存」。

她告訴我，民國六十幾年的時候，永和的一棟房子大概四、五十萬元，她買第一棟房子的時候身上只有二十萬左右，剩下的是貸款。到現在為止已經有七棟房子。她辛苦撫養五個孩子，現在兒女都已長大成人，雖然不是博士碩士的學歷，但至少都是高中、大學以上的程度，也都有不錯的工作。

孩子的薪水幾乎統統都交出來

她一方面訓練孩子們不亂花錢的好習慣，規定孩子的薪水，都要交給她保管。另一方面，她就嘗試著買第一棟房子，靠5個人的力量相對也比較快，之後的房子也都是這麼來的。

隨著孩子們年紀的增長，賺的錢也多了，但是他們都養成了一個非常好的習慣，賺3萬元就要拿2萬5千元回家給媽媽，自己只留5千元。一個人2萬5千元，5個人一個月就十幾萬元，幾年之後是不是第二棟房子也有了、第三棟房子也有了，第四棟房子也有了？這七棟房子有豪華電梯的、也有陽春型公寓的。

今年，她很驕傲的告訴我，她又買了一棟1千5百萬的

房子，而且是一次付清。她這輩子買了這七棟房子，雖然快八十歲了，可是因為平常省吃儉用，吃得也很清淡，身體狀況還非常健康。

效法阿嬤的獨門理財法

各位親愛的讀者，這代表了什麼？再強調一次，不跟會、不玩股票、不買基金、不會買保險，更不會買投資型保單，什麼通通都不會，只會存定存。只是要求她的孩子們要節儉，賺5萬的存4萬5，賺3萬的存2萬5，統一集中在媽媽的手上去買房子，她當時也傻傻地搞不清楚，不知道買房子會如何的增值，就在中、永和買了七棟，而且七棟剛好都在目前的捷運站附近，這七棟房子的價值是多少我不曉得（反正每戶的價值都不一樣），但這是不是她最好的一筆養老金？

運動型豪宅

她的身體很健康，她告訴我她的身體會這麼好，是因為當時買第一棟房子的時候沒有錢，所以只能買舊式五樓公寓的頂樓，那時候的頂樓最便宜，大約四、五十萬元。她買了頂樓之後，每天爬樓梯上下買菜、倒垃圾，就這樣一天上上下下好幾次，經過了三、四十年之後。雖然這個房子毫不起眼，但我覺得這其實是棟「運動型的豪宅」。

為什麼，因為它逼迫每個人每天必須要上下樓梯好幾趟，把自己的身體給練好，加上老奶奶吃得又很清淡，身體自然會很好。這房子便宜，公設又少，又不用管理費。

　　阿嬤全家人的身體都很不錯，因為每個孩子從小就被訓練著上下樓梯，上學、回家、去同學家，幫媽媽買醬油、買麵包、倒垃圾。每天爬五樓有什麼不好？把每個人的身體訓練的健健康康，現在的人那麼缺乏運動，為什麼一定要去買有電梯的呢？當人有了第一棟房子，有了一個窩之後，他的心情至少是安定的。

買屋也要量力而為

　　我看到現在有很多的朋友說要買房子一定要買什麼豪宅，要有停車位，要有好的管理人員，要有非常好的View，要買在台北市，附近要有捷運站，要有好的公設、要健身房、要有游泳池……。這些我們都知道，但是那個價值要多少錢？當我的薪水只有3萬多塊錢的時候，我要去買個1千多萬的房子，你想想看，那有多難達成？

　　這時，當生活周遭朋友告訴你說某某股票漲多少錢，你就會想要自己也要去買一支，什麼投資型保單有多好，然後也跑去買一些，幾年以後下來如果投資報酬率10%、15%的時候，就可以有多少錢，能夠去買那樣的豪宅，就是因為欲望造成你的一步錯、步步錯。

沒辦法開源就努力節流

　　一個最簡單的人生的道理，沒辦法開源，就努力節流，在這個阿嬤身上徹底地實現了。她這一輩子沒化過妝，沒買過一條口紅，沒有所謂的名牌LV，甚至第一次回大陸探親的時候，也不知道飛機上的餐點是免費的，嚇得不敢吃，自己在家裡包了一些饅頭、包子，將家裡燒開的水裝在空的礦泉水瓶裡面，就這麼一路回她的老家山東，儘管現在有能力了還是一樣省吃儉用。

　　阿嬤現在的生活是非常安定，孩子們也都很孝順，她的孫子們也都非常可愛，這樣的人生，不是很滿足嗎？

節儉VS貪婪

　　這兩個例子都是真實的故事，也是很多人的縮影，一個節儉，一個貪婪，希望我們的讀者能夠用心的體會這兩個故事的真正涵義。

　　天底下沒有一蹴可及的事情，沒有一步登天的事，慢慢來，總有一天財富是你的。

・人家開進口車，你騎摩托車，沒有關係。

・人家用LV的皮包，你用HANTEN或是GIORDANO買的皮包，只要打開來乾乾淨淨也是很OK的。

・人家住的是豪宅，你住的是舊公寓，很好啊！

・人家一年出國幾次，我們不需要，每天健行騎腳踏

車，也很愜意。

・人家的衣服是COACH的、是BURBERRY、是GUCCI，你不要，你穿HANTEN的、GIORDANO的，有什麼不好？

・人家的球鞋是Nike的，你穿一般的也很舒服呀！

阿嬤這七棟房子的價值，隨便估算一下，大概也要5千多萬。民國六十幾年，她買的第一棟房子是50萬元。經過了三十幾年的時間，雖然房子都已經舊了，那棟房子現在還可以賣到500、600萬，這樣的投資報酬率是十倍了。而且還拉拔大五個小孩，這是不是代表一個很重要的訊息？

目前市場上的一些商品，不管是儲蓄型的保單，或是投資型的保單，能有這麼高的獲利嗎？

我們為什麼要把現在的錢去交給某一些人去使用，等二、三十年後回饋給你的價值是一個空洞空虛、無法掌握的數字，但這些錢卻花掉你所得的一半以上，到最後鬧得兩頭空，房子沒了、保險也不夠、錢財也空了，這樣例子的比比皆是。

關於金錢的遊戲，自古以來都告訴我們一個亙古不變的道理，積沙成塔才是累積財富的不二法門。可是外面的誘惑實在是太大了，電視台每天在播報金融商品的訊息，業務員三不五時的來到你的家裡、公司，引誘你去購買那

些連那些業務員自己都不清楚的產品。

不要被包裝的金錢遊戲所騙

業務員滲透的能力是非常可怕。我相信台灣目前有很多的保戶都對這些保險業務人員或是直銷的業務人員抱著一種莫名的恐懼，像是揮之不去的夢魘，每天纏著你，你稍微對他們好一點，他們便對你死纏爛打，對他們不好，又怕自己不夠朋友，因為這些人都是你的親朋好友。同學、失散多年的朋友，親戚的叔叔伯伯……甚至自己的兄弟姊妹都在做保險，每天承受的都是這種人情壓力。怪不得，台灣將近7、8成的人都買錯保險，罪魁禍首是誰？我只能說，政府也要負一部份的責任。

> 大部分的人買保險，都是因為人情壓力，而且八成以上買錯保險！

政府去鼓勵、默許這些行為的發生，就像二十幾年前鴻源、龍祥的事件一樣，等到事情一發不可收拾的時候再來出面，早知如此又何必當初？我們的政府是幹什麼的，為什麼要將保險的佣金定得那麼高？

當然不是希望所有的朋友都能夠像我們家隔壁的這位阿嬤一樣，什麼都很省，要是這樣的話，經濟好像也不會繁榮，但最起碼阿嬤過了四、五十年非常平靜、平安的日子。

業務員總是業績掛帥

以前我們都以為銀行業、金融業是慈善事業、銀行家，現在的金融業是怎麼了？一切以利益掛帥，一切以業績為考核，我們的專業經理人根本不管以後的事情，他在位兩年只要把數字做得很好看，兩年以後他通通不管。但是保險是一個長年期的合約，時間長達二十年、三十年甚至於是終身。我們的業務員卻常常做滿二年、做滿三年離職的一大堆，也留下了許多的孤兒保單。

雖然我知道《平民保險王》寫得如此露骨，可能會引起金融公司的關切，但我更看不慣那些有錢的財團，利用各種數字遊戲、人情攻勢，來騙取對保險一知半解的人，然後財團愈養愈大，變成金融大怪獸，而一般的平民連房子都快買不起了，這樣公平嗎？

我的「富足人生」

我自己也是住「運動型的豪宅」，舊公寓的5樓，沒有電梯。我每天爬樓梯，不但省錢，無形當中，也讓身體變得很健康，雖然買的不是豪華公寓而是一般的公寓，可是賺到健康，買這房子的投資報酬率又超過10％，我不敢保証買房子一定會賺，但對台灣人來說，尤其又是生平第一棟買的房子，起碼讓我在十年、二十年內能夠擁有安定的心情。

不管今天買的是台北市區或者在郊區的，只要上下班騎車都還能到，先有個窩最重要，對一個人來說，有個穩定的家，換來的是二、三十年的安心，不需要看房東臉色，不用怕被房東趕來趕去，或者擔心會被漲房租，家裡的財物也可以一點一點慢慢累積。

　　記得我剛和太太結婚的時候，家裡有給我們一棟房子住，一間二十坪左右的小公寓，裡面的家具也不多，可是過沒幾年的時間，家裡的東西卻已經多到連走路都不好走的地步，那就是財富嘛！哪怕是書本、或者是電腦、還是音響、攝影機，那都是財富啊！財富是可以慢慢累積的，最重要的是，我沒有債務，每天生活得輕鬆愉快，又有個安穩的家，當然還有足夠的保險做為人生風險的後盾，生活如此，還有什麼好奢求的呢？

Part 2

10大熱門險種大*PK*

5種你最需要買的保險，一目瞭然

一、人人都需要的「純」意外險
買夠1千萬保障一年不到6千元！

　　根據衛生署統計，意外事故已經連續22年名列國人十大死因，但大部分的民眾投保時，會先考慮投保儲蓄險和醫療險，往往忽略保障高又便宜的意外險它的重要性，這是本末倒置的投保行為。

意外險，人人不可缺少的保險

　　為什麼我從第一本書開始就一直強調意外險的重要性，尤其是身為「夾心族」的你，意外險絕對是不可或缺的保險。當你有年邁的父母要奉養、要對另一半負責任，生了小孩又有養育的重擔，你幾乎是全家經濟的主要來源，那麼倘若你一旦發生意外，即可用低廉的保費，拿到高額的賠償（500萬元以上），至少讓家庭的生計不致於馬上出現危機。

　　畢竟年輕或壯年時因病而身故的機率不高，若有個萬一，大部分都是意外，所以與其花大錢去投保儲蓄險和醫療險，不如多花一點小錢，投保高額的意外險，至少保額要有500萬或1千萬，這樣你才能放心在外工作，迎接不可知的未來。

保費依職業別有所不同

意外保險又稱為「傷害保險」，是針對被保險人由非疾病所引起，而且是外來、突發的意外事故導致死亡或殘廢給予保險金額。當發生意外而導致殘廢時，意外險會因殘廢等級（目前的法規是分一到十一級），分別給予5%～100%的保險金額。

意外險的保費一直都是非常便宜。它的保費跟年紀、性別沒有多大的關係，但會和工作性質有關係。以男性舉例：20歲（屬於第一類工作）的年輕人買意外保險，他投保的金額100萬，只要年繳500多元，到了50歲時一樣是繳500多元。女生也一樣，假設20歲的上班女性，買100萬元的意外保險，也同樣繳500多元，如果是60歲的家庭主婦買100萬元，繳的費用也是差不多。

但如果今天她將原本的內勤工作（屬於第一類工作）辭掉，考上空中小姐（屬於第六類工作），那麼同樣投保100萬元的意外險，保費可能就從原來所繳的500元上漲到3、4千元，相較之下保費漲了6、7倍，為什麼呢？因為工作性質不同，因為一般的內勤人員幾乎都在室內空間，發生意外的機率不高，但空中小姐的工作在保險公司認定上屬於最危險的等級，所以保費會貴了7、8倍。

◎職業分類表及每100萬意外險費率表

職業類別	工作性質	壽險保費	產險保費
第一類 內勤行政	機關團體公司行號內勤人員、律師、會計師、音樂家、畫家、教師、學生、家庭主婦、建築師、製圖員、理髮師、美容師、資訊系統工程師、資訊銷售工程師、醫師及護士、電影電視：製片人／影片商／編劇／化妝師、編劇·寺廟及教堂管理人員、機車買賣商(不含修理)、汽車買賣商(不含修理)、廚具商、陶瓷器商、古董商	一年約 1300元	一年約 550元
第二類 外勤業務	機關團體公司行號外勤人員、記者、導遊、農夫、游泳池教練、清潔工(非道路清潔工、下水道清潔工、高樓外部清潔工)、電子業工程師、工廠／大樓警衛、幫傭、水族館經營者、竹木製手工藝品之加工工人、新聞雜誌業：排版工／裝訂工／印刷工、家電製造：技師、電子業：工程師／技師／領班／監工／裝配工／包裝工人、建材商、流動攤販、一般演員(導演)·場記	一年約 1600元	一年約 550元
第三類 技術操作	果農、獸醫、客運車司機／服務人員、建築業工程師、外勤郵務人員、測量員、技師、領班、監工、飲料／酒場／菸草加工製造工人及機械操作員、成衣及服飾品製造染整工人、木製傢俱／皮革製造工人、塑膠射出成型工人(自動)、化學製品製造工人、玻璃／磚塊製造／鋼鐵基本工業／機械設備製造修配／領班及監工、電機：工程師／技師／領班／監工、KTV工作人員、乩童、藝術及演藝人員：巡迴演出戲劇團體人員、特種營業：歌廳工作人員／酒吧工作人員／負責人、汽車駕駛訓練班教練·監理所路考官、醫院：精神病科醫師／看護及護士、道路清潔工	一年約 2000元	一年約 700元
第四類 製造修配	計程車司機、自用貨車司機、搬運工、採砂業工人、食品／飲料製造加工裝罐工人、金屬傢俱／玻璃／紙箱／電池製造工人、塑膠射出成型工人(其他)、電子業：製造工、家電製造：一般製造工人、車床工(全自動)、空氣調節器裝修人員、汽車／機車／自行車製造、油漆工、噴漆工	一年約 3000元	一年約 1000元

註：以上費率僅供參考，依各家保險公司有所不同，第五類、第六類工作大多為保險公司拒保工作，例如：礦工、空姐故不列入。

產險公司的意外險保費便宜一半

　　大部分的人在買意外險時，幾乎都是向壽險公司購買，但其實產物保險公司也有賣意外險，而且保費比壽險公司便宜一半以上，但因為沒有大肆的宣傳，所以很多的消費者仍然一無所悉。

　　金管會早在開放產物保險公司可以銷售意外保險之外，去年也核准產險公司可以賣一年期的的醫療險，這個醫療險包括癌症險、重大疾病險、

> 產險公司的意外險與壽險公司的意外險條款是一模一樣，保戶權益不縮水。

失能險、一年期住院醫療保險……等。至於有沒有比較便宜，在後面的章節我也會有詳細的比較。

保戶權益沒有縮水

　　先來談談意外保險，簡單來說，以後這種簡單的一年期保險，除了原來的壽險公司可以銷售外，產物保險公司也可以販賣。它的保險費在我第一本書《聰明買保險》裡面曾做一個簡單的比較表，在這本書我還要再重提一次；因為產險公司意外險的保費比壽險公司大概便宜一半以上，想省荷包的人，一定要注意看。

　　可能有人會質疑，保費便宜一半，那保障有縮水嗎？我們先從保單條款來說，產險公司的意外險與壽險公司的

意外險條款是一模一樣，它除了理賠因為意外造成的身故外，它還理賠因意外造成的殘廢。

殘廢的等級表，從100％到5％，從最嚴重的植物人到雙目失明到手指斷掉或喪失功能都在理賠範圍之內。條款既然是一模一樣，那我們就來檢視保費。

以職業類別第一類的工作性質來講，所謂第一類就是指內勤、學生、家庭主婦……等。投保100萬元的保費大概是500多元，第二類大概是600多元、第三類大概是700多元、第四類會比較貴一些，大概1千1百多元，再怎麼樣還是比壽險公司便宜很多。

意外險它主約是在一般的意外事故，所謂一般的意外事故就是這個人他不論是在國內國外、任何時間、地點因為非疾病所造成的意外事故都可以獲得理賠，它的範圍比一些特定的意外要來的廣。

但因為100萬的保險保費才5、6百元，保險公司會覺得收的費用不夠，就衍生其他額外的配套措施，保障的額度雖然增加，保費也相對提高一點。你可以就自己的需求再做選擇。

以右頁表格為例，一般的意外險以內勤工作者投保100萬來說，如果再加100元，發生火災或與配偶共同發生意外，可以再加賠理賠金。如果是內勤工作者投保500萬的意外險，含一年3萬元的醫療險，那保費也不多，才

3100元，如再加500元，發生火災或與配偶發生同一意外事故，再增加500萬元的保障。

◎意外險主、附約保費一覽表

	項目	保障	保費
1	一般傷害險（又稱意外險）——不分時間、地點。定額理賠。（身故100%、殘廢5%～100%）	100萬	550元
2	全殘增額傷害險（一級殘廢）	200萬	30元
3	空中大眾運輸	1000萬	70元
4	水、陸大眾運輸	1000萬	70元
5	海外傷害險	200萬	50元
6	電梯特定傷害險	200萬	50元
7	颱風、地震、洪水、土石流特定傷害險	200萬	50元
8	與配偶同一意外事故傷害險	200萬	50元
9	火災特定傷害險	200萬	50元
10	假日傷害險	200萬	100元
11	燒燙傷（按比例5%～100%）	100萬	50元
12	意外醫療（門診，收據副本，實支實付型）	3萬	350元
13	骨折未住院（按等級）	3萬	80元
14	意外醫療（定額住院型）	1000元	300元
15	加護病房	2000元	45元
16	住院慰問金（住院超過3日以上）	3000元	45元
	（除第1項外，其餘可選項投保）		

註：因各家保險公司條件不同，以上保費僅供參考

產險公司不保證續保？

不過，壽險公司的業務員因為擔心意外險的市場被產險公司搶走，所以就攻擊說：「產險公司的意外險是不保證續保，只有壽險公司的意外險才能保證續保，所以壽險公司的意外險比較貴是有原因的。」

真的是如此嗎？其實壽險公司業務員所說的理由，只說對了一半。

我再請各位讀者朋友簡單的試算一下，我們就以第一類的工作性質來作舉例，一個人投保100萬的意外險要1400元左右，如果花7千元，可以買到500萬，可是他花7千元買產險公司的意外險呢？他可以買到1千2百多萬元的保障，今天如果在保險期間內發生了意外死亡，一家公司理賠5百萬，一家理賠1千2百多萬，聰明的讀者你會選哪邊？當然是選理賠多的那一邊啊！

而且，意外保險除了賠償身故之外，還包括殘障理賠，如果說某甲花7千元向壽險公司買500萬的意外險，或以7千元向產物保險公司買了1千2百多萬的意外險，如果今天要理賠的是殘廢給付的話，以理賠60%（殘廢等級）來說，500萬的60%，壽險公司理賠300萬元，但產物保險公司理賠720萬元，當然還是產物公司的理賠比較多啊！

即使不續保，也是較划算！

至於所謂的「保證續保」的問題呢？投保意外險，如果是發生死亡理賠，那就沒有什麼續个續保的問題。但如果是發生殘廢理賠，就有續保的問題了。

壽險公司說，如果你向產險公司買意外險的話，一旦你曾經領過殘廢給付，產險公司次年可能就个願意跟你續保，但據我所知，很多的壽險公司也不一定會續保（條款沒有「保證續約」四個字，就不一定會保證續保），就算有投保500萬，保險公司也會明說保證只保到幾歲。

來舉個簡單的例子：如果甲用同樣的保費分別向A壽險公司投保500萬、B產物保險公司投保1千2百萬元的意外險。有一天，甲發生嚴重的車禍，導致身體的殘廢，保險公司都理賠了60％的保險金（A公司賠300萬元、B公司賠720萬元），壽險公司同意他續保，而產險公司則不願續保。

倘若在保險續保有效期間，甲又發生一個意外狀況，連同第一次殘廢等級，變成80％的殘廢，因為他之前已經理賠過60％（也就是300萬元），此時，壽險公司並不是再理賠一次500萬元的80％，而是原來理賠的20％而已喔！也就是說500萬的20％——理賠100萬，加上原來的300萬元，共理賠400萬元。

可是向產物保險公司買意外險，它雖然不保證續保，也就是說沒有第二次的殘廢理賠金，可是它第一次就理賠

720萬，還是比壽險公司所理賠的還要多。

我們現在看得出來一個大數法則了，一個人他這一輩子發生重大殘廢的機率高不高？高。那麼壽險公司理賠300萬加100萬，共計400萬元，產險公司不保証續保，但它一次就賠720萬，哪一個理賠金較多？

理賠差很大

雖然產物公司不保証續保，但是它的理賠金就比你的第一次加第二次還要高。所以，購買意外保險要買壽險公司的好還是產險公司的好？雖然一個可以保証續保，一個不保証續保，聰明的讀者，我先拿的就已經比人家多很多了，多2.4倍（720除以300，是2.4倍）。萬一身故更不用講，一個理賠1200萬元，一個是500萬元，一樣是2.4倍，有沒有差很大？

所以，我還是強烈地建議，要買意外險最好向產險公司購買，保費便宜得沒話說。

買保險不要希望它能回本

現在介紹的保險就是「純」意外保險，屬於消耗型的意外保險，絕對不是還本型的意外保險。還本型意外險的保費非常高，其實就是一種儲蓄型的意外保險，簡單的說，保險公司拿你給他的錢去衍生利息，然後再幫你買個

「純」意外險，是一樣的意思，那你何必把錢拿給別人賺，不自己賺？

買消耗型的保險，各位讀者心裡一定要有個正確的觀念——既然是屬於消耗型就不要期望它能夠回本、還本、保本，如果今年沒有發生意外事故，就是上蒼保佑，阿彌陀佛，我很平安的渡過一年。

千萬不要覺得不划算，認為今年繳了500多元或者繳了5千多元，繳出去的錢就這樣沒了，幾年下來覺得很不甘心，所以還是買個還本型的意外保險好像比較划算，因為它過幾年後還是可以把錢還給我，我就不會白繳了。其實，這種觀念完全錯誤，邏輯完全不對，各位一定要用數字演算看一看。

> 既然屬於消耗型的就不期望它能夠回木、還本、保本！

自助互助，買個心安

我們所繳出去的錢，沒有發生意外當然最好，就把它當作是做公益去幫助那些發生意外事故需要這筆理賠金的。本來保險就是一個「相互扶助」的觀念，幫助那些遭逢意外事故的人，也是做功德一件。雖然透過保險公司的商業團體，雖然它也是一個利益掛帥的商業機構，但不得不否認保險最基本的功能是非常好的。我只要花一點點的錢，差不多是薪水的十分之一，沒有發生意外事故時，就

把那些錢當成是做公益幫助別人，如有發生事故，又可以得到一大筆的理賠金，是不是能夠保障自己又能夠愛護別人的一種互助的方法？

保險這個商品，不是其它基金、証券、股票或房地產所能夠代替，純保險是非常好的一種金融商品，尤其是意外保險，便宜又大碗，所以各位一定要分清楚意外險的功能。

還有很多人他會問：「我買這個意外險能做什麼？」「如果我因為意外事故而身亡，就只能給別人用？」「難道我要讓別人拿我的身故金去揮霍？」

但如果你突然身故了，你的配偶或小孩怎麼辦？有這麼一筆錢最起碼能夠照顧到另一半和小孩。我認為買意外保險，最重要的不是身故給付，而是殘廢給付。這也是我在賣保險時，一直灌輸給保戶的重要觀念。

意外隨時發生

如果，我因為意外事故造成了殘廢，比如截肢，這是何等痛苦的事？意外保險的殘廢理賠金就是自己可以用得到，不要讓意外造成身體上的痛楚，還要煩惱未來的生計。難怪大部分的人都會說死亡並不可怕，重傷殘廢時候才可怕，我們都害怕會造成家人的負擔。

我有一個朋友楊太太，她的先生去年在下班的時被

急駛的車輛撞傷造成截肢，屬於50%的殘廢，他的保險是向某壽險公司買的200萬意外險。一隻腳截肢，壽險公司理賠他100萬元，當初他買的意外險，100萬的保費是1400元，200萬的保險費是2800元，他如果用這2800元去買產物公司的意外險，就可以領到280萬元。所以，我強烈建議意外保險應該最起碼買500萬以上，保費並不貴啊。

各位不要不信邪，不要認為意外不會發生在自己身上，意外隨時都可能發生。

還好她的先生是在公家機關上班，雖然遭逢重大的意外事故，但公家機關並沒有立刻將他解雇，還是讓他待在原來的單位繼續上班，但如果發生在別人身上，有可能會這麼幸運嗎？所以，與其仰賴別人幫助，不如自己先幫助自己。

保障起碼要1千萬

在我第一本書裡的一開始，我就一直強調：「保障最起碼要1千萬，絕對不能少！」為什麼？若有一天，我遭遇到重要的事故，萬一造成嚴重的殘疾，一隻腳沒了，可以拿到50%的理賠金，若我買的是1千萬的保障，那可以理賠500萬，可是能夠我用多久？

如果，你是買那種還本型的意外險，100萬的保障，一年的保費就要繳2～3萬元左右（各家還本方式不同），如

果你想要跟我一樣買到1千萬元的保障，二十年下來，你就要繳40～60萬元！你喜歡還本型的嗎？保費就是這麼貴！

如果你今天只是一個日忙夜忙的薪水階級，是家裡的經濟主力，手中的錢存得也不多，那你真的就需要買意外險，因為你跟你的家人都禁不起任何的風險，我們更要靠保險來保護白己。

> 我們這些平凡的上班族才需要買保險，有錢人根本不需要買保險！

平民禁不起突來的風險

從事保險業十多年來，看過不少的案例，每次都讓我感慨不已，我真的要說：「我們這些平凡的上班族才需要買保險，有錢人根本不需要買保險！」鴻海的老闆郭台銘、已故的台塑大家長王永慶，還有很多大企業的老闆，他們根本不需要買保險，因為他們有承擔風險的本錢，但你有嗎？

如果因為意外事故，不幸造成身體殘廢，不但可能會失去工作，那家庭支出要誰來負責？搞不好還有自己的復健費用或甚至要僱用外勞來照顧，這筆龐大的費用要怎麼籌得出來？

意外險是我們最需要的保險，記住，一定要買產險公

司的意外險，才能拿到兩倍以上的理賠金額。

意外醫療險買不買無所謂

因為意外險是在被保險人發生意外事故時，而且必須導致被保人死亡、不同等級的殘障才有賠償。而絕大多數的意外，都只是輕傷，看個門診或住院幾天就可以搞定，很多人會覺得買了意外險，用到理賠機率很小，而降低投保的意願。 所以也就有了「意外醫療險」的興起。比如說：住院意外醫療險像外務員、職業駕駛、小朋友受傷、騎車摔傷小意外等，只要你住院幾天，就理賠幾天的保費。

只賠個幾百元、幾千元的保險，可買可不買，因為幫助不大！

有些意外醫療險的保障內容還擴及受傷、骨折整復手術保險金及特定意外保險金等。在保險金給付方面，採取日額者，例如你買日額1千元，一旦意外受傷住院，五天就可獲賠5千元，你若買三張同樣日額1千元的保單，住院五天則賠你1萬5千元。

投保意外一年期醫療保險，如果以實支實付限額型的3萬元或日額1千元來說，第一類的工作性質它的保費大概也是300多元左右，如果我們不加這個3萬元的意外醫療，100萬的「純」意外險一年只要500多元。

理賠太少的保險根本不重要

意外醫療保險到底需不需要買？我覺得視你個人的需求，我倒認為它不是非買不可的保險。在我個人的觀念，我始終認為，能理賠到百萬以上的金額才叫做保險，如果只賠個幾百、幾千元的金額，基本上就不是重要的保險，因為它對你的幫助並不大。

不過，因為意外醫療保險的保費並不貴，比如3萬元的實支實付，一年的保費大概只要300多元，你想要附加著買也無所謂。

千萬別因小失大

有位讀者曾跟我抱怨一家產險公司，因為當初業務員只幫他規畫意外險，沒有幫他規畫意外醫療保險，可是另一家壽險公司有替他規畫意外醫療保險。當下他就覺得壽險公司的規畫完整多了，他一旦發生了意外事故，即使有點小受傷，連200、300元都會賠給他。這種心態並沒有錯啦，當保戶繳了保費後，他當然希望有理賠總比沒理賠好。當然，後來他就選擇買壽險公司的意外險和意外醫療險。

我提出這個案例，是要跟讀者分享一個觀念——有時我們常常會因小而失大。當你被多出來的200、300元的理賠金所左右時，卻忘了可能失去的更多（保費相同、保障會

大大不同喔！）。

　　比如意外醫療險，一年保費不過300～400元，理賠的上限總額就是3萬元。當你有個輕微小傷，每次理賠的金額大概差不多是門診掛號費那麼多吧。讀者們可以自己拿計算機算一算，我們一般人不是每天都在發生意外受傷，一年雖然只要繳300、400元，10年下來，也要3、4千元，或許有機會讓你理賠個幾次吧，但真的對你有實質的幫助嗎？沒買好像也沒差什麼。

收據副本可以理賠

　　現在政府有新的規定，意外醫療保險原先是要用收據的正本才能理賠，但現在用收據副本保險公司一樣要理賠；不像以前你買了二、三家不同保險公司的意外醫療險，但只能申請其中一家的保險公司的理賠，現在政府的新規定的確保障了保戶的權益。

　　但是你在重覆投保時，一定要告知保險公司自己有買哪幾家的意外醫療保險，如果保險公司願意承保，那麼之後就可以用收據副本來理賠，而沒有爭議。

　　很多學者專家擔心這會不會造成「道德風險」，會不會在經濟不景氣的狀況之下，很多的被保險人利用這個管道來詐領保險金，他故意去買很多家公司的意外醫療保險，然後製造一個輕微擦傷，向五家、六家的保險公司來

申請理賠，這樣趁機賺一筆？

　　學者專家擔心的不是沒有依據，確實，前一陣子有很多人利用這個方法來詐領保險金，但是各家保險公司也會建立非常完整的風險控管系統，所以，在投保時，一定要清楚告知保險公司，尤其是在買這種需要收據理賠保險商品的時候，一定要告訴保險公司自己買過哪幾家的醫療保險，保險公司如果同意承保，之後的理賠就沒問題。

保險公司可以拒保

　　而且現在保險公司也都有電腦連線，如果因為想要貪圖這種小額的醫療保險理賠金而買了三、四家，一旦發生理賠的頻率次數太高，可能第二年會被保險公司列為拒保戶喔！因為保險本來就是一種「損害填補」的原則，我損失多少錢，我花費多少錢，你賠給我。買了二家、三家還可以說得過去，因為有些精神上的損失是沒有辦法從一般醫療保險、意外醫療保險中所得到補償的，但如果一個人一口氣買了十多家保險公司的意外醫療險，難免會讓人懷疑他的動機。

　　當我們一旦貪圖了小額的理賠金，然後被保險公司列為拒保戶，萬一剛好第二年又發生重大的殘廢或身故，反而一毛錢都領不到，這才是因小失大，我相信這也不是被保險人所願意樂見到的。

我認識一位保險同業，他知道這個漏洞之後，便向很多家保險公司購買醫療保險，然後跟某家醫院的護理長串通，常常製造假病歷去住院，第一次就拿到四家保險公司的理賠，輕輕鬆鬆領到10幾萬的理賠金。食髓知味之後，不到半年他又製造另一個假意外，假裝受傷住院，這一次，卻被保險公司察覺到，不僅一毛錢沒有理賠，還一起控告護理長，原來這家醫院早就被保險公司盯上了，後來連營業執照都被撤銷了。

為什麼一定要買到千萬保障？

在第一本書《聰明買保險》，我一直強調意外險最好能買到千萬保障，因為這個觀念實在太重要了，如果你沒看過那本書，沒關係，我再花一點篇幅跟你說明，為什麼一定要買到千萬元保障。

假設我因為意外造成的50%的殘廢狀況時，基本上幾乎是喪失工作能力，如果今天買的是1千萬元的保障，不要算它會有額外的利息錢，1千萬的一半只有500萬，能用多久呢？

若能買到1千萬元的保障，才是真正對你幫助的保險。

一般人一個月的基本開銷，過得不好不壞差不多算2萬元好了，一年就是24萬元，500萬元以除24，大概可以過二十年，但這僅能支付自己最

基本的開銷。

如果還需要有專人來照顧，僱用一名外勞一個月也要2萬元左右，若再加上每個月的生活需求，加起來可能也要4萬元，那5百萬元的理賠能用多久？大概只有10年吧！

有買到1千萬保障的人，可以安穩過個10年，但大部分的人都買的很少，或許你有聽我的話，去買意外險，賞個100萬元，但真的不夠啊！我還是希望你能把錢花在刀口上，若能買到1千萬元的保障，才是真正對你幫助的保險。

◎**聘請外籍看護工每月費用**

每月費用	
1. 薪水	15840元
2. 就業安定費	2000元
3. 加班費	2112元
4. 健保費	770元
總計	20722元

資料來源：萬通人力永和店

跟還本型意外險*PK*一下

「還本型」的意外險是現在市面上賣得很夯的產品，這個保險的名稱很好聽，因為你不用花錢，繳費的20年期間，有100萬或200萬元的意外險保障，而且如果沒有發生任何的狀況，你當初所繳保費會原封不動的還你。如果不幸發生意外，他會理賠100萬元意外險的部分，再加上你所繳的保費，乍聽起來，好像不用花一毛錢就能有意外險的保障和兼具儲蓄的效果。

目前有很多的電話行銷人員和保險公司都在賣這種商品，很多保戶問我這個商品到底好不好，我依照31頁利率表格的計算方式套用給他們看，他們才發現自己虧大了。

還本型保單真的不用錢？

還本型的意外保險，譬如一年繳2萬元，連續繳了二十年（也就是保費40萬元），在保險期間如果發生任何意外事故，會有100萬的理賠金保障，再加上之前所繳的保險費用也全數退還。換句話說，繳40萬元，還多了100萬的意外險保障，這是多麼吸引人啊。

現在要告訴你們真相：因為現在的利率很低，銀行的定存利率就以1%來計算，若我一年存了2萬塊，我用31頁的利率表格去試算，一年繳2萬，經過二十年後，2萬乘以22.239倍，實際上是連本帶利繳了將近44萬4千8百元。

◎一年期意外險PK還本、保本型意外險

	一年期意外險	還本、保本型意外險
年繳保費	第一類工作者／100萬／約500元（月繳約45元）	第一類工作者／100萬／約20000元（月繳約1666元）
投保年齡	不分性別0～75歲	不分性別0～60歲
保障期間	1年	20年
優點	1.保費便宜，可用此「低保費，高保障」的險種拉高保障 2.投保後第2年可選信用卡自動續保 3.用今年的錢購買今年的保障 4.普遍大眾皆能接受 5.符合雙十理論的險種	無
缺點	屬於消耗型保險	1.保費超級貴，保費約為一般意外險的40倍。 2.將保費自己存在銀行，用衍生的利息，自己購買意外險，可以買到更高的保障
適合投保的族群	1.任何族群皆適合，因為除了身故可以理賠100％外，殘廢（1～11級）亦可理賠5％～100％ 2.建議可用此險種加強保障至500萬至1千萬	
附加險種	1.可附加意外醫療實支實付型或定額住院型	一般均不可附加
結論		不用錢的東西，其實是最貴的

註：各家保險公司的還本方式不盡相同，以上比較只限於部分保險的DM為例

但是我如果一年在銀行裡存2萬元，到了第五年的時候是10萬，大家可以用計算機算一下，10萬乘以1％，到了第十年，我可以在銀行領到約1千元的利息。

目前100萬的意外險保費大概是500元，我自己用1千

不用錢的東西，往往是最貴的！

元去買意外險可以買到200萬元，向保險公司買還本型意外險只能買到100萬，假設第三年的時候，6萬元乘以0.01，利息大約600元，第四年8萬元乘以0.01，利息是800元，我自己買保險的話，就可以買到160萬，也就是說；前三年保戶可能會賺，但到了第二十年，40萬乘以0.01的利息是4千元，再除以500元，自己買純保險的話行情可買到800萬（500元／百萬），我自己可以買到800萬，何必把錢給保險公司用二十年？

而且發生意外的時候，還本型意外險只理賠100萬，我自己買的話可以理賠800萬，而且這些錢是自己放銀行裡的利息，也沒有什麼退還不退還保費的問題，錢永遠都在我自己的口袋裡。

把錢放在保險公司二十年，會遇到什麼情況，也很難預料，當你要理賠時，又要有一堆文件要填。但放在銀行裡，你要領回來，銀行絕不會囉囉嗦嗦。

單純意外險，小錢就能買到大保障

換句話說，同樣每年繳二萬元的保費，繳了二十年，繳給保險公司買還本型意外險，二十年之後，你可領回40萬元，和這二十年當中的100萬意外險保障；但如果把這筆錢存銀行，拿利息去買意外險，二十年之後，你一樣有40萬可拿，但你的意外險保障最高可以買到800萬元。

以上是以1%的利率來計算，如果銀行定存利率還有3%的時候，各位看看，我們以第二十年來講，我的40萬乘以3%，利息可以領到大概1萬2千元，如果自己買純保險100萬，每年只要500元，可以買到2千4百萬，我何必把這個錢拿給保險公司白用二十年，而且只理賠100萬？

買「純」意外險很划算！若需要理賠時，就知道它很好用！

第十年，如果還是用3%來計算，第二十年用二十萬乘以0.03，那年的利息如果有6千元，我除以100萬、每年500元，可以買到1千2百萬的意外險。我何必把這筆錢拿給保險公司買錯險種？讓它只理賠我100萬？

沒發生事情的時候都沒差，發生事情的時候一個是賠100萬，一個賠上千萬元，還本型意外險的優點和缺點在哪裡，算一算數字就知道了。

你把錢放在銀行裡，不管是現在利息低的時候，只有1%也好，還是利息高一點時候的3%或4%也好，用簡單

的一個數字就可以算的出來了。因為100萬的意外險在現在市面上的行情大概500、600元左右，用銀行裡的利息自己買「純」意外險，理賠金是不是更多？各位除了要會算，一筆錢放在銀行裡所生的利息和每年繳一筆錢，每年度所衍生出的本利和之外，各位還要了解純保險在市場上的行情是多少錢。

所謂純保險就是純保障的保險，如「意外保險」，它的保險費以目前的工作類別來說；內勤工作者投保100萬，不到600塊就買得到，你根本不用花到2萬多元才買100萬的保障。

「純」保險，讓你負擔減輕

市面上有很多還本型的產品，如還本型醫療保險、還本型的癌症險、還本型意外險……等，只要有「還本」或「保本」的這兩個字，保戶就會很喜歡買，當然它的話術就是不用花任何一毛錢就可以買到這樣的保障，乍聽起來非常誘人，但實際上這種還本或保本的保險它在經過十年或二十年後它所延伸出的利息，保險公司就是拿這些利息去幫你買一個純的保險，其實純的保險，它的保費都不高。

這本書就要告訴各位，你們只需要花薪水的十分之一或者更低，去買一個純的保險，不用管還本、保本或投資

報酬率有多少百分比。一旦加上這些文字後,它就不純了,相對地保費也愈來愈高,保障愈來愈低。

今天無論是買哪一種純保險,像是純意外險、純壽險、純醫療保險……等,如果只是買「純保險」,它的保費真的很便宜。

月薪3萬,真能買到千萬保障?

在我的第一本書裡面有個標題:「月薪3萬輕鬆買到千萬保障。」很多保險公司的業務員說我亂講,很多客戶看到這個標題的時候也覺得不太可能,以為又是另一個話術。但是以月薪3萬元的人,他一年大概賺36萬元,或者再加上年終獎金,可能有40萬元。他只要用其中的十分之一,4萬元來買意外險,他可以買到8千萬元的保障。

你可能反駁我:「要是我今天不是意外身故呢?萬一是生病身故呢?」,一樣月薪3萬多的人,拿薪水的十分之一,假設30歲的女生,投保一年期壽險100萬,保費約800元,她可以買到5千萬保障。但意外險和年齡沒有關係,壽險可能就與年齡有關係,30歲的男性,一年期壽險要繳的金額大概1千9百元,年薪40萬元的人,用4萬元除以1千9百元,他可以買到2千1百萬的壽險,如果他只買500萬意外險,算一年繳3千元好了,再加上500萬一年期壽險(1900×5=9500元),總共一年才繳不到1萬3千元,比

薪水的十分之一還少，是不是真的很便宜呢？所以，月薪3萬的人能不能輕鬆地買到1千萬的保障？當然可以，而且不僅僅是自己買，也可以幫太太買。

劉鳳和保險心法掃描

什麼是「意外」？

單純從字面上來說，（意外）傷害險的認定，是「因意外事故導致身體遭受傷害、身故、殘廢或全殘，以及對此一損失所導致的醫療行為補償。」

不過雖然這類保險範圍界定在「意外」這兩個字上頭，卻很容易讓人誤解以為只要「意料之外」的事件，都是（意外）傷害險所理賠的對象。但意外的正確說法應該是指「危險的發生，非但須為不確定，且須在預想之外，事發突然而不可預防的事。」

所以飛機的空難與車禍，算是意外的範圍，但如果因喝酒開車發生車禍，或是開車時心臟病突發肇事身故或殘廢，就不在「（意外）傷害險的理賠範圍。

二、低保費高保障的一年期壽險
讓你無後顧之憂的最好選擇

第二個重要的險種稱為一年期的壽險，也可稱為「一年期的定期壽險」。這個保險在目前市面上很難買得到，據我所知只有兩家保險公司在賣，它既然是定期保險、定期壽險，它就比終身壽險或者是儲蓄型的壽險要便宜，因為它也是「純保險」的一種！

「純」壽險，保費甚至比意外險便宜

這個一年期的純壽險的保險內容非常簡單，大約有下以幾個重點：

- **投保年齡**：14～65歲（自然保費——保費逐年遞增）。
- **保證續保至95歲**：（第2年免續約，滿期前2週繳費即無條件自動續保）。
- **保障範圍**：不論意外或疾病造成一級殘廢（例：植物人、雙目失明、永久喪失咀嚼、吞嚥或語言機能、兩上肢或下肢缺失）或身故。一次領到100%保險金。
- **優點**：30歲女性平均一天只要12元，就可擁有500萬元保障。

◎1年期壽險100萬，各年齡「年繳」保費一覽表

年齡	男	女	年齡	男	女	年齡	男	女
14	700	400	37	3100	1400	60	19700	10100
15	1100	500	38	3300	1500	61	21500	11300
16	1400	500	39	3600	1600	62	23500	12500
17	1800	600	40	3800	1700	63	25700	13700
18	1800	700	41	4100	1900	64	28100	15100
19	1800	700	42	4500	2000	65	30800	16600
20	1800	700	43	4800	2200	66	33700	18200
21	1800	700	44	5200	2400	67	36800	20100
22	1800	700	45	5700	2600	68	40300	22100
23	1800	700	46	6100	2800	69	44100	24400
24	1800	700	47	6600	3100	70	48200	27000
25	1800	700	48	7200	3500			
26	1800	700	49	7800	3800			
27	1800	700	50	8400	4200			
28	1800	700	51	9100	4600			
29	1900	800	52	9900	5000			
30	1900	800	53	10700	5300			
31	2000	900	54	11600	5800			
32	2100	1000	55	12700	6200			
33	2300	1000	56	13800	6700			
34	2400	1100	57	15100	7400			
35	2600	1200	58	16400	8200			
36	2800	1300	59	18000	9100			

　　從以上表格可得知，14歲的女生買100萬元的保障，一年只要400元；15歲是500元、16歲也是500元、30歲要800元、35歲要1千2百元，年紀愈大，保費就往上增加。

　　不過，大家可以發現這是一年期的壽險，年紀輕的幼童保費好像比意外險還便宜。（30歲以下的女性，甚至比意外險還便宜）

意外險和壽險不同之處

　　壽險和意外險不同之處在於，壽險只要是身故，不論是疾病或者意外的身故都有理賠。而意外險卻是因為意外造成的身故，才能拿到理賠金。

　　我要介紹的一年期壽險，不論是意外造成的、疾病造成的身故時，通通都能拿到理賠金。它也有殘廢理賠，但是它的殘廢是要全殘才能獲得理賠，全殘也稱為「一級殘廢」，簡單的說，就是變成植物人、雙目失明、或者永久喪失咀嚼或吞嚥、或語言障礙、或兩上肢或兩下肢的缺失，這些都是一級殘廢。

　　如果你是四、五年級的同學，大概還記得，以前北一女有一位儀隊同學，因為車禍造成她變成植物人，躺在床上幾十年，在我的第一本書裡也提到一位罹患紅斑性狼瘡的親友，變成植物人，一躺也是30年。都是父母不眠不休的咬著牙關在照顧她，除了父母的心血難以估計之外，她花了多少錢？恐怕也是難以估算了吧。

「純」壽險也是消耗型保險

　　如果買了這個「純」壽險，30歲的女生買100萬的保障只要約花800元，大家要了解，既然是「純」保險，它就不能還本，不能保本，如果沒有身故，也沒有造成全殘的話，那你繳的保險金就都送給保險公司了。

以一位30歲的女生來說，買100萬的純壽險是一年是800元，500萬的保障只要4千元。再買個500萬的意外險，大約要3千元，4千元加3千元共7千元，是不是就有1千萬元的保障？是不是比薪水的十分之一還低呢？

保險的「雙十理論」

如果壽險買1千萬、意外險買1千萬，也不會很貴啊。意外險買1千萬保障，一年的保費不到6千元，壽險買1千萬算8千元，一年只要繳1萬4千元，不會造成你太大的負擔，但萬一有不幸的事情發生時，你的家人就可以拿到2千萬元的理賠金。

> 「純」壽險不管是疾病或意外的身故或全殘都有理賠！

尤其是一家的支柱大部分是男人，男人的壽險保費比女人還貴一點；意外險的保費高低是不分年齡和性別，是看職業別，而這壽險則是有性別和年齡的區別。以30歲的男人來說，100萬的保障，一年的保費要1900元（是女性的2倍多），500萬的保費是9千5百元，如果再買一個500萬保障的意外險，保費要3千元，加起來一年的保費是1萬2千5百元。

30歲男性輕鬆買到2千萬保障

30歲的男性如果意外險買到1千萬的保障，保費是6、

7千元，再買1千萬的壽險加起來總共是2千萬，一年只要花2萬5千元就能買到1千萬的意外險和1千萬的壽險，是不是大家都能做得到？

或許你會問：「一個人該買多少保障才夠？」我曾提出「雙十理論」——年薪十分之一來買保險買到年薪十倍的保障（十倍保障是最低的要求）。這才是讓你在保費和保障上能取得平衡的方法。換言之，不是高保費就能有高保障，這是我一再強調的。

和終身型壽險比一比

通常保戶在買保險時，大家的想法都很單純，保險金便宜，保障能多一點。可是你們碰到的業務員說的卻又是另一套。

業務員通常會告訴你：「你買這個不划算啦，錢白白繳給保險公司，到時候一毛錢都領不到！」

「我介紹你買這種儲蓄險，又有保障，又能存錢，期滿之後你就領到一大筆錢，你的養老金、小孩子的教育費就不用愁了！」

幾乎所有的業務員都在賣這些險種，如果你的意志不堅定，很容易就被唬弄過去。

沒錯，儲蓄險、終身壽險代表你

> 用年薪十分之一來買保險買到年薪十倍的保障。這才是讓你在保費和保障上能取得平衡的方法。

可以把錢領回自己的口袋，但在目前定存利率這麼低的情況下，保費會更高。銀行的利率是和某些保費習習相關的，它所影響的保險，就是那些可以領回的保險，終身型、還本型、保本型都包括在內。

終身壽險保費驚人

目前一位30歲的男人，他要買一個20年期100萬保障的終身壽險（也就是繳了20年之後，就不必再繳了，這100萬元會在你往生後，給你的家人），一年的保費大約是要3萬元，同年齡的女性是2萬5千元。

如果他要買到500萬元的壽險，他一年的保費就要繳15萬多元。那癌症險還要不要買？太太的保險要不要買？哩哩扣扣加起來……絕對超過30幾萬，佔了你的薪水比率有多少？又是多少個家庭可以負擔得起？

現在的保費愈來愈貴，因為現在定存利率只有1％左右。定存利率愈低，這種一定可以領到錢的險種，保費會愈高。高到什麼程度？就是我剛剛說的，30歲，大概要3萬；35歲，大概要3～4萬元；40歲，大概要4萬；45歲，大概要4～5萬元左右。

女生也一樣；30歲的女生，大概2.5萬元左右；35歲的女生，大概2.8萬元；40歲的女生大概3.2萬元；45歲的女生，大約是3.6萬元……。

◎一年定期壽險PK終身壽險

	30歲男性 一年期100萬壽險	30歲男性 繳費20年終身100萬壽險
年繳保費	1900元（月繳約160元）	3萬元（月繳約2500元）
保障期間	每年購買，可以到95歲	終身
優點	1.保費便宜，年輕時可以用此「低保費、高保障」的險種拉高保障 2.保證續保至95歲 3.用今年的錢購買今年的保險	1.一定領得到100萬 2.二十年的保費是固定
缺點	1.不一定領得到100萬 2.保費隨年紀增長而增加	1.保費很貴 2.用前二十年的錢購買未來四、五十年通貨膨脹後的100萬保障
適合投保的族群	如以理賠範圍全殘（一級殘廢）的角度來看，任何族群皆適合	幼童（保費便宜）

在這個低利又不景氣的時候，保險一定不能夠斷掉，買個500萬的壽險、500萬的意外險，最起碼讓我們還能夠平安的渡過這段時間。

一年期壽險可以隨需求來調整

我覺得一年期的壽險還有個好處，雖然它的保費是會隨著年齡而愈來愈貴，但它的彈性也很大，你可以根據家庭的狀況，有不同的調整。比如：你剛買房子，需要付房貸，或是一個家庭小孩子誕生的時候，全家的經濟重擔都

在你身上時，我建議你要買到1千萬元的保障。

　　到了小孩子長大了，可以自己打工賺錢貼補家用，房貸也繳得差不多時，那麼你可以降低保障金額到500萬、300萬，因為這時你的責任也比較輕了，你自己都可以每年做一些調整。

　　也有保戶問我：「那到底要不要買終身壽險？」我不是說終身壽險不好，我認為，因為目前利率太低，所以終身保險的保費太貴，不是一般薪水階級負擔得起的。你的人生不是只要繳保費就好，如果保險費佔據你薪資的五分之一、三分之一，那真的會讓你一點生活品質都沒有。

為什麼業務員不愛賣一年期壽險？

　　我覺得這個保險商品的還不錯，但保險公司卻不愛賣、業務員也不願賣！為什麼？因為它是一年期的，因為它保費很低。

　　一年期的商品代表什麼？對業務員來說，它就是「沒賺頭」！

一年期壽險佣金很低

　　它的佣金很低，大概不到10％。如果你的保費是800元，那業務員的佣金只有10％，也就是80元而已，如果賣出500萬保障，保費也才4千元，跟你講得口乾舌燥，才能

賺400元，你說划不划算？

好不容易抓住了一個客戶要準備賣他保險，不好好地削他一頓，賣他個好幾萬元的保費，他哪會賣一個只有賺400元的保險嗎？這個業務員他一天賺400元，一個月每天賣一件好了，30天也只有賺1萬2千元啊！這對業務員來講不符合成本！所以他不願意賣。

我曾經碰到過一個號稱Top Sales的業務員，是目前保險界的天王，號稱一年可以賺到5千萬保險佣金，哇！好誘人的金額！不過，我想都不用想就知道他都是在賣什麼樣的商品，而且我一點都不羨慕他，因為他正被法院起訴中。我是很想問他：「你賺了這5千萬，你要怎麼用？」等他如果被判刑，5千萬又

> 一年期的壽險商品代表什麼？對業務員來說，它「沒賺頭」！

怎樣，能買到自由自在的生活嗎？能買到別人對他的尊敬嗎？

有一段時間，他也曾經跟我接觸，希望我能做他的下線，只要按照他的方法去做，一定可以賺到5千萬元，我當場就拒絕他。

錢，每個人都愛，但要賺得合理，要賺得理直氣壯。

我不想當Top Sales

我常常勉勵我自己，做為一個保險業務員，如果能夠

做到像醫生、老師、教授一樣受人尊重，當客戶有問題主動來找你投保、主動跟你詢問，你根本就不用去推銷，你這個保險業務員才是真正成功。

另外，身為一個保險業務員，其實還有很重要的社會責任，不能全以賺錢為目的，才能做得長長久久。如果按照我之前在媒體的曝光率，我賣的如果是那種佣金超高的保險，一年不敢說5千萬，但有1、2千萬元絕對沒問題。可是劣種的保單，我一張都不敢賣，不是我假清高，而是那種保單，遲早都會有爭議，會出問題，即使我賺很多錢，會快樂嗎？跟你買保險的親朋好友如果都跟你翻臉，或一天到晚要跑法院，這樣會過得舒服嗎？

自從出了第一本書說了一些保險的真相之後，我好像變成了同業的敵人，也遭到不少的批評，但我只能說：「對不起，我還是要說真話。」也希望同業朋友能心平氣和看完這本書，不妨改變行銷商品的方法，只要你賣的東西是好的，你不用去推銷，別人自然就會來找你買。

一年期壽險可當失能險用

一年期的定期壽險，還有一個優點，除了保費便宜之外，它的理賠金額是一次理賠。如果買500萬元的保障就理賠500萬元，買1千萬就理賠1千萬，毫不打折，這是不是低保費、高保障？是不是才叫作真正的保險？

至於一年繳300元的意外醫療保險，有事時賠300元、500元或是1千元，它算不算保險？可以自己去思考一下。

其實你可以把一年期的定期壽險也定位成「長期照顧保險」，一般市場上長期照顧保險是一個叫好不叫座的保險，也有保險公司稱為：「失去工作能力的保險」，所以又稱為「失能險」。因為終身失能，與一級殘廢的情況有點類似，但兩者的保費差很多。

功能、保費比一比

長期照顧保險的保險費不便宜，我們先不管它保險費多貴，當你失去工作能力時，每個月可領到2萬元的理賠金，大概一年就要繳5、6萬元的保險費，連續繳二十年。一旦你符合理賠的條件，每半年還要再回到「保險公司所指定的醫院」去作檢查，確定你是繼續符合了失能的條件，它才會再給你另外一個半年的理賠金（為了每月領2萬元，須每隔半年再重新檢查是否符合長期照顧的標準）。

我認為，買保險最好選擇「繳費要慢慢繳，領的時候要一次拿」的保險。儘量不要去買那種繳的時候繳很多，領回時候是一筆一筆慢慢領的保險。

目前的長期照顧保險一年繳費繳5、6萬元，發生事故的時候按月領，

> 買保險最好選擇「繳費要慢慢繳，領的時候要一次拿」的保險。

好像可以領很久，可是每半年還要去折騰一下。我在第一本書中曾介紹「失能險」是不錯的保險，可以讓你活著有尊嚴，但我也說過，因為目前在理賠標準的認定上，仍會有些爭議空間，所以它還不普遍。

現在我發覺一年期的壽險也可以當做失能險在用，因為一年期的壽險是在全殘時能領到理賠金，全殘和失能險中需要別人長期照護的定義，幾乎是有些類似。雖然可能有點差距，但保費可是便宜太多了。

而且它是一次領到全部的理賠，不需要每半年再去被保險公司折騰一下。你把它當作是買萬一「全殘」（一級殘廢）時的保障，你就可以拿這筆錢去請外勞、生活費也夠你用個十年、二十年。

跟投資型保單比一比

投資型保單堪稱是這幾年最熱門的商品之一，有一部分的保戶被投資型保單吸引而購買，倒不是它的投資功能，而是裡面涵蓋的壽險部分，它的壽險部分保費很便宜，加上又可以做為投資，感覺很划算。

其實這類產品剛推出時，我就直接問過保險公司，說保戶不想要投資的部分，可以單純去買這個便宜的壽險嗎？各位要注意到，這個就是重點，「可不可以？」

但國內三十幾家壽險公司，所有的答案都說不可以，

因為這就是一個組合、一個包裝過的金融商品，其中的壽險不可以單獨販售。我就非常地好奇，為什麼不可以？既然口口聲聲說這個投資型保單裡面的壽險是非常便宜的，為什麼不可以單獨拿出來賣？

投資型保單中便宜的壽險

現在我可以很清楚的告訴所有的讀者朋友，如果你不喜歡投資型保單，一定要綁著投資的話，可是你又很喜歡投資型保單裡便宜的低保費買非常高額的壽險保障的話，那麼我可以清楚告訴你們，可以買得到，絕對可以買得到，那就是年期的定期壽險，保證續保到95歲，注意，是保證續保到95歲！

> 買保險時，最起碼要有百萬以上的理賠金，便宜又好用的保險，才是你該買的保險。

兩種保險商品直接來PK看看！一位30歲的女生，要買100萬的保障，一年期的定期壽險只要800元，可是投資型保單，一年最少就要繳個2～3萬元，但保障的部分仍然只有100萬元。那你說投資型保單還幫我投資賺錢啊，沒錯，但如果投資失利呢？那保戶不是白白繳了2～3萬嗎？你這2～3萬元也可以自己去存起來，或買定期定額基金，是一樣的道理。

◎一年期定期壽險PK投資型保單，以30歲男性為例

	一年期壽險 30歲男性，100萬壽險	投資型保單 30歲男性，壽險部分100萬
年繳保費	1900元 （月繳約160元）	最少24000元 （月繳約2千元）
保障期間	每年投保至95歲	非終身
優點	1.保費便宜，年輕時可用此「低保費、高保障」的險種拉高保障 2.保證續保至95歲 3.用今年的錢買今年的保障	無
缺點	1.消耗型壽險，不一定領得到100萬 2.保費隨年紀增長而增加	1.保障部分必須與投資綁在一起銷售，不可單獨銷售保障部分 2.投資部分不保證獲利 3.行政費用偏高（前五年佔150％），還沒投資就先虧損150％ 4.不一定領到保障 5.保障費用隨年紀增長而增加
適合投保的族群	如以理賠範圍全殘（一級殘廢）的角度來看，任何族群都適合	無
附註		投資與保障比例可隨時調整

一年期壽險的優點

而且一年期的壽險還可以附加一年期癌症險、一年期住院醫療保險。其實這種保險有點類似政府近年來在提倡的「微型保險」，所謂的微型保險，就是真正的保險，沒有增加其它奇奇怪怪的名目，也就是我提到的純保障的保險。

我有很多的大客戶，都是公司的總經理、老闆，一年花30多萬、40多萬元去買一個投資型保險，目的就是希望能夠把他的保障部份拉高（因為投資型裡的壽險，就是我所謂的一年期的定期壽險，保費很便宜）然後又可以投資，可是經過二、三年的經驗告訴他們，投資的部分大概都賠了50%以上，可是他們還是繼續繳錢，為的就是保障那一塊壽險的部份。可是當我一攤開這個一年期壽險保險給他們看，他們馬上就被這個保險所吸引。

不是保險公司的主推商品

有位年齡40歲的女性保戶，她買了3千萬元的一年期定期壽險，一年只要5萬多元，她原來一年繳3、40萬元，只買到投資型裡3、4百萬元的保障而已，其餘的都拿去投資了。相形之下，哪一種東西才是保戶真正需要的？

我當初發現這樣商品的經過，說起來你會覺得不可思議，我是一家一家打去問保險公司，有沒有單獨賣便宜的

壽險？因為這不是保險公司的主推商品，保險的客服人員也搞不清楚，好不容易才找到兩家保險公司有推出類似的商品。

我還是不厭其煩的說，保險是要買到理賠金多的，最起碼有百萬以上的理賠金，便宜又好用的保險，才是你該買的保險。

三、醫療險不一定都很貴！
超便宜的醫療險報乎你知

　　接下來要跟各位介紹的是醫療保險，之前我很少提到醫療保險，原因是，我認為它並不是一個很好的險種，可是國人對醫療保險的需求反而是最大的。

　　我曾經上過一個電視談話節目，和一個健保局的官員聊天，他說，台灣最好的醫療保險叫作全民健保，可是大家把全民健保罵得要死。他認為，全民健保是當我們的被保險人一旦有發生事故的時候，它想辦法找條款、找理由要幫助我們的被保險人，理賠給被保險人，而且是門診以上就有理賠（感冒、拉肚子、牙痛……等等），不一定要住院，它是想辦法找理由賠給客戶。可是一般的商業保險，剛好跟全民健保相反。它卻是想辦法找理由不賠給客戶，而且一定要住院才可以理賠。所以這位健保局的官員說：「我自己和家人根本就不買醫療險！」

　　可是醫療險是這幾年超夯的熱門保險，也是眾多保險公司的主打商品，讓還沒買的讀者都很恐慌，一直問我：「聽說醫療險可以補全民健保不足的地方？」「哪一家的醫療險比較好？比較沒有理賠糾紛？到底要怎麼買？」

　　我先不給答案，麻煩讀者耐著性子先看我的分析。

終身醫療險怎麼算都不划算

說實在的，我本來就對終身醫療險這樣商品沒有興趣，加上今年（民國98年）之後，國內的終身醫療保險保費，上漲的幅度非常多，我更加覺得，大部分的終身醫療保險並不是很好的保險，坦白說，我認為它是一個很爛的保險。

我要特別先聲明，不是所有的終身醫療都不好，而是我們在買保險的時候，除了要考慮到保險理賠的內容之外，還要考慮到所繳的保險費是多少錢，這兩個因素共同來衡量，就能知道這是不是一個好的保險。

> 我為什麼要拿現在的錢去買三、四十年後的保障？怎麼算都划不來？

保費很貴，要住院320天才划算

終身醫療險在剛推出時，它的保費非常低，大概買到住院一天定額理賠1千元，一年的保費只要4、5千元，是不是俗擱大碗。可是現在的終身醫療保險，相同的住院一天只定額理賠1千，它的保險費已漲了3～4倍，大概要1萬5千元左右。不過短短幾年，保險費為什麼漲這麼多？

這時你可以去把電子計算機拿來，我只要教你按幾個數字，你就一清二楚了。

目前的終身住院醫療，理賠的額度住院一天大概1千

元，它的保險費一年也大概1萬5左右，1萬5千元連續繳二十年，這二十年期間我就繳了大概30萬元的保險費到保險公司，加上利息大約繳了32～33萬元。

32萬元除以「我住院一天只理賠1千元」，我要住院到多少天才能把我所繳的保險費再從保險公司裡領回來？答案是320天。

這二十年繳了連本帶利大概繳了32萬元給到保險公司，如果在這期間，或這一輩子當中，住院時可得到一天1千元的理賠金，換句話說，我要住320天才能把我所繳的保險費從保險公司領回來。

你看你身邊的親朋好友有多少人是住院住到320天，各位可以數數看，就算有住到300天的，也頂多只是把我所繳的保費剛好抵銷而已，那為什麼不把錢放在自己口袋？自己當保險公司就好了。

以我自己來舉例，如果我住院到500天，這種情況真的不多，一天理賠1千元，我從保險公司拿了50萬元回來，注意，一天1千元，住院500天就是理賠50萬，可是我二十年繳了32萬元到保險公司，我賺保險公司賺到多少錢？18萬元而已。（對不起，我可能用了不是很恰當的比喻，但只是想讓大家更容易了解）

終身醫療理賠有上限

　　而且現在的終身醫療險幾乎都有理賠有上限（大約250萬～300萬左右），達到這個額度的人並不多，但是跟以前的一年只要繳4、5千元的終身醫療來比，保費上漲大概3倍，我們就要重新評估它是不是一個好保險。

　　保險公司為什麼把醫療保險視為主力商品，很簡單，因為醫療險對保險公司來說是穩賺不賠。第一，它理賠的額度有上限，第二，就算這個病人住院到4、5百天，保險公司也頂多虧十幾、二十萬而已。可是保戶一年繳了多少到保險公司呢？

終身醫療的手術理賠部分

　　這時候，保險公司的代表可能會跳出來抗議；「我們的醫療險並不是只有賠住院的部分，別忘了還有手術理賠！」

小手術理賠金額不高

　　我沒忘，接下來就是要講手術理賠的部分。保險公司理賠有手術的內容有分好幾種，第一是一般的門診手術，就是根本就不用住院的手術，簡單的幾刀就可以處理了，這類手術的理賠金不高，大約一次理賠1千到2千元，了不起3、4千元。譬如：睫毛倒插、割雙眼皮或是長痔瘡、長

雞眼，大概理賠金只有1、2千元，可是我一年要繳的保險費要1萬4、5千元，我這一輩子會有幾次的睫毛倒插，會有長幾次痔瘡？

用到重大手術理賠的機率不高

第二是重大手術包括：心臟手術、腦部手術……等重大器官手術，甚至是器官移植的這種大手術，如果以一年繳1萬4、5千元保費來佔算，它的理賠金頂多5萬到6萬元。

但是如果你真的需要動這麼重大的手術，全民健保都會有理賠，因為這是屬於重大傷病的醫療，住院期間我一毛錢都不用花，當然你可以想要有比較好的醫療品質，想買更好的藥，這點是人之常情，但如果是病情嚴重者，都會有重大傷病卡，全民健保都幫你負責到底。

你買了終身醫療險，就算讓你理賠到重大手術，每一次大概賠約5萬元左右。但一個人一輩子會開多少次重大手術？你自己算一算你交的保險費和拿到的理賠是不是成比率？有幾個人天天在動大手術的？

終身住院醫療險PK一年期住院醫療險

買醫療保險還要注意到一個大前提，不是有發生醫療行為就有理賠，不論是一年期的還是終身期的醫療險，它都有一個理賠的先決要件——「一定要住院」才有理賠。

而且，醫療險的賠償也是有一套理賠的標準，什麼樣的疾病該賠幾天的住院上限天數，都有明確的規定。並不是我想住院幾天，保險公司都會無限上綱的理賠，更何況有誰喜歡一直待在醫院呢？

很多人買醫療險都有一個盲點，認為醫療險可以彌補健保不足之處，讓你的醫療品質多一層保障，這個出發點雖然沒錯，可是你要仔細研究所繳的保險費和保險公司所理賠的內容，再惦惦自己的荷包，才知道買這保險的贏家是誰，

◎終身醫療保險PK一年期醫療險

	終身醫療險 30歲男性 1000元／住院一天理賠	一年期醫療險 30歲男性 1000元／住院一天理賠
年繳保費	18000元／年 （平均每月1500元）	2500元／年 （平均每月210元）
繳費年限	20年	繳到75歲
保障期間	終身保障	每年投保，每年都有保障
優點	終身保障	1.保費便宜，年輕時可用此「低保費、高保障」的險種來拉高保障 2.保證續保至75歲 3.用現在的錢，購買現在的住院理賠金，不受通膨影響。
缺點	1.保費太貴 2.三、四十年後理賠金額，住院一天只有1千元，誰知道會不會被通貨膨脹吃掉 3.若一家四口都要投保，保費超貴	1.只理賠住院。（感冒、牙痛……等門診，皆不理賠） 2.消耗型保險

z

115

理賠項目以住院醫療為主

　　或許有人會說，醫療險的理賠項目很多，但其實都是從住院理賠衍生過來，光住院的理賠一個項目可以衍生出好幾項，比如：什麼加護病房、燒燙傷病房，出院後的療養金……等，但簡單的講就是只賠住院跟手術而已。

　　雖然我覺得醫療險不是很好的保險商品，但如果你在經濟狀況許可，不買終身醫療險又覺得不安心，我會建議買意外險之後再買一年期的定期壽險，還可以買個一年期的醫療保險，因為它是一年期的，所以它的保費不會很貴。一個30歲的男生買一年期的醫療保險住院理賠1千元（無限額），它的保費可能一年不到2千元。

◎目前市場主流醫療險商品類型

	一年期醫療險	終身醫療險
實支實付（限額）型	依照保戶住院或手術收據請領，但是仍有最高請領上限。	市場上無類似保單。
日額給付（定額）型	是依照「住院天數」及「手術等級」來請領保險金。多數是「非還本型」，少數保險公司還推出「還本型」保單，保戶在期滿後，還可以領回一筆「滿期金」。	多數是「帳戶型」保單，如果保戶身故時，帳戶裡還有未用完的餘額，可以當做身故保險金領回；少數則是「倍數型」，帳戶內金額在身故時未用完，也不能當身故保險金領回。
混合（二擇一）型	保戶可以依照實際的支出，選擇「按住院天數、手術級數」，或「實際支出狀況」請領保險金	市場無類似保單。

一年期的醫療保險，2千元的保費一樣可以買到醫療住院保險，理賠也是住院一天賠1千元左右，和終身型醫療險　年1、2萬多元的保費相比，是不是差很大？

通貨膨脹的問題

　　而且一年期的醫療保險是用今年的錢，來買今年的保障，保費又低，可是終身醫療是拿現在的錢去買一個二十年，甚至四十年以後的理賠金，因為發生住院醫療大概都是60歲以上的銀髮族，如果你是現在30、40歲，買一次繳費二十年，繳到50歲或60歲開始理賠的話，到時候還有通膨的問題，那時候的1千元是值多少呢？會不會等於現在的500元甚至只有2、300元？

　　這就是一個通貨膨脹的概念，我為什麼要拿現在的錢去買三、四十年後的保障？怎麼算都划不來？所以，我才建議買個一年期的醫療險！

　　我認為目前的終身醫療保險，因為保費非常的貴，它沒有一種對價的關係，四、五年前的終身醫療險就很不錯，因為當時的保費一年只要4、5千元，就可以買到住院一天1千元的理賠金，現在卻要1萬4、1萬5千元以上，而且理賠還有上限。

◎一年期住院醫療保險，續保至75歲

醫療（定額）保險——1000元/日——免收據	
內　容	理賠金/日
1 住院（1～30日內）費用（每日定額）	1,000
2 住院（31～60日內）費用（每日定額）	2,000
3 住院（61～90日內）費用（每日定額）	3,000
4 住院（91～180日內）費用（每日定額）	4,000
5 住院（181～365日內）費用（每日定額）	5,000
醫療（實支實付）保險----1000元/日-----要收據	
1 住院每日病房費用（實支實付）	1,000
2 加護病房費用（實支實付）	3,000
3 住院（1～30日內）費用（每次限額）	60,000
4 住院（31～60日內）費用（每次限額）	120,000
5 住院（61～90日內）費用（每次限額）	180,000
6 住院（91～180日內）費用（每次限額）	240,000
7 住院（181～365日內）費用（每次限額）	300,000
8 出院療養費用保險金（每日限額）	600
9 手術保險金（每次限額）	50,000

◎1000元/日保費/年——不分男女

年齡	保費/年	年齡	保費/年	年齡	保費/年
0～23	2150	38～42	2960	58～62	4840
24～27	2290	43～47	3230	63～67	6050
28～32	2560	48～52	3770	68～72	8070
33～37	2690	53～57	4310	73～75	9696

　　大概在前年年底的時候，台灣有一波終身的醫療保險
要停賣，因為金管會的介入，認為保險公司賣太多終身醫
療險會影響保險公司的正常營運，就是擔心保險公司賣太
多終身醫療險，公司可能會倒閉，所以終身醫療保險要停
賣，造成國內瘋狂搶買終身醫療的風潮，當時有個客戶因

為沒買到,問我怎麼辦,我就直接對他說:「沒買到也許是一種福氣。」

家中最需要保險的人是誰?

我發現一般保戶買保險還有第二個盲點——先幫小孩買保險,但大人沒買。撇去剛才講的通膨問題不說,因為你愛小孩,所以幫小孩買保險,結果自己什麼保險都沒買,這種投保規畫真的是大錯特錯。因為你是一家的支柱,記得先把你的保險都買齊買對了,再去考量小朋友的保險。

不論買什麼保險,請謹記一點:有業務員跟你說:「醫療保險很好,可以還本……」,那你就要知道,「羊毛出在羊身上」是保險中永遠不變的真理。既然可以讓你還本、讓你保本,保險費就可能不只1萬、2萬元,否則業務員的佣金打哪裡來?

> 「羊毛出在羊身上」是保險中永遠不變的真理。

◎目前醫療險的種類一覽表

險種	保障	年繳 大約保費	承保 公司	理賠文件	
實支實付 意外醫療	第一類工作性質 3萬保額	300元	產險、 壽險	收據副本、 診斷証明正本	
意外住院醫療	第一類工作性質 1000元/日定額理賠	300元	產險、 壽險	診斷証明正本	
定額理賠 住院醫療	30歲男性 1000元/日	2000元	產險、 壽險	診斷証明正本	
實支實付 住院醫療	30歲男性 1000元/日	2000元	壽險	收據副本、 診斷証明正本	
終身住院醫療	30歲男性 1000元/日 定額理賠	繳費20年 一年約1.5萬 ～2萬元	壽險	診斷証明正本	
癌症險	30歲男性 住院1天1000元	500元	產險、 壽險	診斷証明正本	
終身 癌症險	30歲男性 住院1天1000元	繳費20年 一年約5000 元	壽險	診斷証明正本	
7項 重大疾病	30歲男性 100萬	2600元	產險、 壽險	診斷証明正本	
7項終身 重大疾病	30歲男性 100萬	不定	壽險	診斷証明正本	
15項以上重大疾 病暨特定傷病	30歲男性 100萬	4500元	產險、 壽險	診斷証明正本	
15項以上 終身重大疾病暨 特定傷病	30歲男性 100萬	不定	壽險	診斷証明正本	

年期	可否單獨購買	備　註	自動續保
1年期	需附加在意外險之下	門診就可理賠	產險：有 壽險：有
1年期	需附加在意外險之下	意外住院才可理賠	產險：有 壽險：有
1年期	可單獨購買，不用綁主約	有住院才賠	產險：無 壽險：有
1年期	需附加在主險之下	1.有住院才賠 2.可選擇與定額住院醫療2擇1理賠	壽險：有
終身	可單獨購買，不用綁主約	1.有退還保費及無退還保費 2.有理賠限額及無限額理賠 3.有手術理賠及無手術理賠 ※以上可選項購買	壽險：有
1年期	可單獨購買，不用綁主約	有分一次理賠100％及分項目理賠	產險：無 壽險：有
終身	可單獨購買，不用綁主約	分項目給付	壽險：有
1年期	可單獨購買，不用綁主約	一次給付100％	產險：無 壽險：有
終身	可單獨購買，不用綁主約	1.有含壽險及無壽險之分 2.有一次理賠100％、70％、60％、50％之分 3.保費差異大	壽險：有
1年期	可單獨購買，不用綁主約	一次給付100％	產險：無 壽險：有
終身	可單獨購買，不用綁主約	1.有含壽險及無壽險之分 2.有一次理賠100％、70％、60％、50％之分 3.保費差異大	壽險：有

醫療險總整理

醫療險包含幾種不同類型，包括實支實付型、住院日額型、防癌險、重大疾病險、長期看護險等。

1.住院醫療險：

在「住院醫療險」方面，主要可分為三大類型，第一類是「日額定額型」，也就是所謂的「定額給付型」。投保人不論看病、住院花了多少錢，也不需要任何的醫療收費單據，只要有醫療院所的診斷書，保險公司即會按照契約上的內容，給付一定的保險理賠金。

第二類與第三類是「實支實付型」住院醫療險，及「實支日額擇優給付」的「混合型」。

住院醫療險通常是以「一年期醫療保險附約」的方式存在，當然也有主契約保險（表示可以單獨購買，不必附加在其他主契約之上），年期最長也可保障終身。不過即使是一年期的契約，多數保險公司都會保證每年給予續保優惠。

2.防癌險：

　　只針對得到癌症時，給予一筆保險金，以及因癌症所需的醫療行為給予有限制的賠償。

3.重大疾病險：

　　最基本有心肌梗塞、冠狀動脈繞道手術、中風、癌症、慢性腎衰竭（尿毒症）、癱瘓、重大器官移植手術等七項重大疾病給予賠償。近年來，有些保單則多了肝硬化、帕金森氏症、阿茲海默氏症等特定的疾病給予賠償。

4.長期看護險：

　　是指「喪失日常行為能力」時，每月或每年給予固定金的賠償，但保費並不便宜，而且理賠標準易有糾紛，所以投保並不普遍。

四、重大疾病險怎麼買最划算？
實用型、豪華型，簡單比一比就知道！

重大疾病是醫療健康險中，最單純的險種，國內壽險業者推出的重大疾病險，在重大疾病的認定皆包含以下7項：心肌梗塞、冠狀動脈繞道手術、腦中風、慢性腎衰竭（尿毒症）、癌症、癱瘓、重大器官移植（心、肺、肝、胰、腎及骨髓）。

以這7大疾病來說，在國人十大死因中就占了6大項，因為這6大疾病死亡的人，高達58.56％。也就是說每2個往生的人中，就有1個人是為重大疾病所苦。

傳統重大傷病的定義	・心肌梗塞 ・冠狀動脈繞道手術 ・中風 ・癌症 ・慢性腎衰竭（尿毒症） ・癱瘓 ・重大器官移植

◎50萬重大疾病險／年繳保險費一覽表

年齡	男	女	年齡	男	女
30～34	1142	1163	50～54	6208	5221
35～39	1879	2197	55～59	9803	6473
40～44	2767	3085	60～64	11831	7919
45～49	4227	4309			

投保年齡：30～60歲（自然保費──保費逐年遞增）。

重大疾病險和壽險的不同

重大疾病險和壽險最大的不同之處在於，重大疾病險的保障重點在你本人，而壽險是為了保障家屬和自己，所以，重大疾病險是在生前支付，也就是你自己萬一生病時，就可以用得到的保險。

重大疾病險也不像健康險，一定要有相關的醫療支出，才能夠支付。基本上，只要符合重大疾病的定義，在患病的初期，就能一次領取保險金，來補貼醫療費用，或當做緊急預備金，例如被保險人因病暫時不能工作，這筆保險金就可以拿來當作生活費運用，是可以完全用在自己身上的保險。

重大疾病險也分傳統型、豪華型

雖然重大疾病險的定義很簡單，但各保險公司推出的相關商品也是五花八門，陽春型的到豪華型的都有，我大約分成下列三種：第一是基本型的重大疾病險，也是所謂的消耗型重大疾病險，它也分為傳統型的只保障七項，和改良型的十六項重大疾病，甚至更多項，它們的優點是保費便宜（詳細保費可參閱左頁表格），若萬一投保者是因為意外事故或年老時壽終正寢，因為沒符合重大疾病險的定義，當初付的保費就送給保險公司，但卻能買到心安。

◎消耗型重大疾病保險理賠項目

1. 猛爆性肝炎	9. 重度燒燙傷
2. 肝硬化	10. 癱瘓
3. 癌症	11. 腦部良性腫瘤
4. 腦中風	12. 冠狀動脈繞道手術
5. 重大器官移植	13. 原發性肺動脈高血壓
6. 嚴重頭部外傷	14. 心瓣膜置換
7. 心肌梗塞	15. 再生不良性貧血
8. 主動脈手術	16. 慢性腎衰竭（尿毒症）

註：每家保險公司的理賠項目都不太一樣，有的重大疾病險，甚至是
增加至20多項，當然保障的範圍愈大，保費也就愈高。

　　第二種是結合壽險的重大疾病險，讓被保人只要是身故，也能領到保險金。也就是說，如果你在投保之後，得到重大疾病，你可以先請領一部分的給付，剩下來的保障額度，在身故之後，由家屬請領。

　　這種結合壽險功能的重大疾病險，它的保險費會比購買終身型壽險還要貴，但它的好處是，不論你有沒有得到重大疾病，保險公司仍會將你的投保金額給指定的受益人。

　　第三種是重大疾病險的豪華大餐。不僅是重大疾病險加上壽險，還加入特定的傷病，例如猛爆性肝炎、肝硬化、阿茲海默症……，但納入了哪些傷病賠償，每一家都不一樣。既然它涵蓋的範圍最廣，所以它的保費當然也是最貴的，當然給付的名目各家保險公司也都祭出不同的變

化，例如：倍數型給付、生命末期提前給付、祝壽金……等不同的設計。

終身重大疾病保險PK一年期重大疾病險

你若問我哪一種最好？我還是那句老話：「找保費便宜、保障高的險種」，因為最適合買重大疾病險的人，是家裡的經濟支柱，特別是手頭上沒有多餘存款，但每個月房貸、子女教育金等固定開銷很大的人，最需要投保重大疾病險，來轉移生重病時的風險，以免一人生病，全家遭殃。

我自己是選擇消耗型重大疾病終身保險，而且買了500萬元，萬一有一天真的生病了，多這500萬元對一般家庭來說，就很好用。而且它是一次給付，不是住院一天才給一天的給付。

> 我覺得「保費便宜、保障高」的保險，才是好保險！

除了保費便宜之外，它的理賠項目也增加到16個項目（甚至更多），而這16項的保障內容，也幾乎涵蓋了80%的死因了。當然消耗型保險，就是抱持著最好不要領回來的心態，平平安安健康的度過平凡的日子就很滿足，就讓這筆錢去幫助罹患重疾病的患者。

◎終身重大疾病保險PK一年期重大疾病險

	終身重大疾病保險 30歲男性／投保100萬	一年期重大疾病險 30歲男性／投保100萬
年繳保費	38,000元（月繳約3100元）	2,200元（月繳約183元）
保障期間	終身	70歲
繳費年限	二十年	繳到70歲
重大疾病 理賠項目	7項 1.心肌梗塞 2.冠狀動脈繞道手術 3.腦中風 4.慢性腎衰竭（尿毒症） 5.癌症 6.癱瘓 7.重大器官移植手術	7項 1.心肌梗塞 2.冠狀動脈繞道手術 3.腦中風 4.慢性腎衰竭（尿毒症） 5.癌症 6.癱瘓 7.重大器官移植手術
優點	1.終身保障 2.壽險型重大疾病（不管一生有無罹患，100萬保證一定領得到） 3.符合重大疾病理賠100％	1.保費便宜，年輕時可用此「低保費，高保障」的險種拉高保障 2.符合雙十理論的險種 3.符合重大疾病時理賠100％
缺點	很貴	消耗型 （不一定領得到保險金）
適合投保 的族群		1.一家經濟主要來源者 2.高危險族群 3.熬夜、抽菸、喝酒、壓力大、炒菜者。
附註	利用複利2％表一與表二綜合分析 1.如果我每年存38,000元×24.783（2％複利率20年後）=本利和有941,754元 2.將941,754元（只此一筆，每年不再加存）再存20年（2％複利率再20年後），941,754×1.485=本利和有1,398,504元（30歲投保經過40年後，此時為70歲）	

保險額度一定要有百萬以上

　　但我還是要提醒各位讀者，重大疾病險是個必買的保險，但記得保險額度仍要有百萬以上，最好是有500萬以上。如果你還抱持著「繳了保險費就一定要領回」的觀念，那樣的重大疾病險同樣是非常貴（一年至少要3萬元以上的保險費），而且一樣會拉低了保障的額度。還有記得要買一次全額給付的重大疾病險比較划算。

　　此外，重大疾病險還有一個特色，就是一旦全額給付，就形同解約。舉例來說：若王小姐，投保重大疾病險，保額是100萬元，萬一，她不幸得到二期乳癌，就一次理賠100萬元，手頭上可以拿到一大筆立即可用的緊急應變金。全額理賠後，王小姐日後就不須再支付保險費了，但是若王小姐後來又中風，或再得到其它的重大疾病，也不能再獲得其他重大疾病險的理賠。

五、非買不可的癌症險
保費只要十分之一，哪裡找？

  根據衛生署公布的國人十大死因中，癌症早已躍居第一名，占所有死亡國人的28％，這數字令人怵目驚心。也是說，去年每4位往生的國人中，就有1個是因為癌症辭世，每13分49秒，就有1人因癌症死亡，每8分11秒就有1人被醫生宣告罹患癌症，不由得你不做準備。

  所以近年來，民眾投保癌症險的比率也愈來愈高，單位數也愈買愈多。的確，通常癌症病患在剛宣告罹癌時，會希望採用比較積極的藥物來治療，以便有效控制病情，尤其醫界在癌症治療方面，屢推出新藥、新方法，像是所謂的標靶治療（只殺死癌細胞，保留健康的細胞，治癒力較高），幾乎都要患者自費，每次的療程都要20萬元至100萬元不等。

  如此龐大的費用，除非是家境不錯的患者，否則沒有足夠的保險，根本很難貼補這麼鉅額的醫療費用，一個人生病可能就拖垮了一個家庭，可見癌症險的重要性。

終身型癌症險，保費節節高漲

  不過，如果你此時才要加保癌症險，你會發現它的保

費正節節高漲，因為它的理賠率實在太高，加上銀行的定存利率就像溜滑梯一樣，終身型的癌症保費也就一直往上調漲。如果要買到我認為足夠的保障，你的荷包可能要有大失血的準備。

我自己是在十五年前，剛進保險界時，就買了第一張終身癌症保單，而且是家庭成員全有保障，一家四口，若因為罹患癌症而住院治療，一天就理賠3千元，不過有限制未成年的孩子到23歲時必須脫離保單的保障，但即使這樣，我跟我太太的保費加起來，一年也不過繳2千多元，真是太划算了。

> 家中責任最重的那個人，他的保險一定要買得足夠。

如果現在才要買類似的保單，住院一天可以理賠3千元，兩個人的保險費，一年至少要2～3萬元。

一年期癌症險PK終身癌症醫療險

如果你也是一般的受薪階級，或者你覺得之前買的終身癌症險單位數買的不夠多，我建議可以購買一年期的癌症險來補強，因為它的保費非常便宜，而且它可以附加在一年期的壽險中，並保證續保到70歲。

以30歲的男生為例，一年的癌症險保費不到300元而已，住院一天大概有1千2百元，還有其它的項目，包括：出院居家療養、骨髓移植……你可以視自己的需求，再增加投保的單位數。

◎終身癌症保險PK一年期癌症保險

	終身癌症保險 30歲男性／1單位	一年期癌症保險 30歲男性／1單位
年繳 保費	3800元（月繳約320元）	300元（月繳約25元）
保障 期間	終身	70歲
繳費 年限	二十年	繳到70歲
優點	終身保障	1.保費便宜，年輕時可用此「低保費，高保障」的險種拉高保障 2.保證續保至70歲 3.無限額理賠 4.如購買5單位，保費一年僅約1500元 5.符合雙十理論的險種
缺點	1.如購買5單位，保費一年約19000元 2.四口之家，僅癌症保費支出就需約6萬元左右 3.有理賠上限	
適合投保 的族群		1.一家經濟主要來源者 2.高危險族群 3.熬夜、抽菸、喝酒、壓力大……等

ps：因各家1單位內容有所不同，此為2家較相近的保險內容

「是真的嗎？癌症險怎麼會這麼便宜？」這是很多保戶第一次見到保單內容的反應。沒錯，它是真的便宜，但它是一年期的，它不是終身保障。我自己後來覺得早期購買的癌症險不夠，便加買這個一年期的癌症險，再加上家人一起保，總共買了20個單位癌症險。或許你會笑我，怎麼這麼怕死，其實，不是怕死，而是一種責任感。我對照顧家庭有我需要付出的責任，這是無法逃避的事實，所以常常在想，一旦我有什麼事，也要給家人足夠的保障才行。

　　我認為買保險之前，最重要的要先考慮，家中的成員誰最需要保險，就是責任最重的那個人，他的意外險、壽險、重大疾病險、癌症險一定要買得足夠，保障才會夠，至於多少叫做足夠，一定要有上百萬元以上才夠，還有癌症住院理賠時，一天至少要理賠5千元才夠！

　　終身的癌症險不是不好，只是如果要買到我認為足夠的保障，那又是一大筆的保費支出，所以你可以退而求其次，選擇一年期的癌症險，保費低廉，保障一樣也不少。

　　曾有位朋友問我：「你講的這一年期癌症險好像有個大缺點，萬一我到了7、80歲時，最需要用到保險，但你這一年一期的買不到，怎麼辦？」

　　我強調，保險最重要的時間點，也就是一個人最需要保險的階段，就是上有父母下有妻小要照顧，我不能出一

點狀況，否則父母、妻小就沒有依靠。但如果我今天已經七十多歲了，那保險金的額度就不用買得那麼高，那時小孩也已經是四、五十歲的大人了，只要不拖累他們就好，我也有考慮到這個層面，所以不妨在年輕時多努力存點養老金比較實在。

癌症險和重大疾病險的不同

保戶問我：「重大疾病險中，不是有癌症的項目嗎？那跟癌症險有什麼不同？」如果你同時投保這二項保險，一旦罹患癌症，兩種險種都可以獲得理賠。但其中最大的不同是，如果你只是「原位癌」，也就是癌症零期，就不在重大疾病險的理賠範圍，而大部分的癌症險，則是有理賠的。

但是近年來因為癌症險的理賠率往上飆升，所以很多保險公司癌症保險的原位癌理賠金也大幅縮水，因為原位癌並不可怕，可能只是簡單的手術就可治癒，你在選擇癌症險的保單時，也必須特別注意這個問題。

在上一本書《聰明買保險》裡，我曾說過癌症保險最起碼買到五個單位，或者是住院金一天要理賠5千元以上，這樣才是真正對你有幫助的保險。

◎一年期癌症險1單位・年繳保費一覽表

年齡	男	女	年齡	男	女
0～4	235	222	40～44	741	1594
5～9	93	84	45～49	1163	1953
10～14	108	98	50～54	1862	2153
15～19	139	170	55～59	2745	2476
20～24	149	299	60～64	3801	3086
25～29	175	440	65～59	5038	3780
30～34	278	698	70	6430	4470
35～39	483	1069			

註：保證續保至70歲

◎一年期癌症險的理賠內容：
1單位／30歲男性／保費約300元

1	初次罹癌	10萬元 （原位癌或前列腺癌1.5萬元）
2	住院	1200元/日
3	外科手術	3萬元 （原位癌或前列腺癌4500元）
4	出院居家療養	600元/日
5	門診	600元/次
6	骨髓移植	6萬元/次
7	放射線治療	600元/次
8	化學治療	600元/次
9	義乳重建	6萬元
10	義肢裝設	10萬元
	無理賠上限	無限

◎終身（繳費20年）癌症險的理賠內容：

　1單位／30歲男性／保費約3800〜5000元

初次罹癌	10萬元（原位癌1萬元）
住院	1000元/日
外科手術	2萬元
出院居家療養	500元/日
特別看護身（住院第7天起）	500元/日
出院後90天內門診	500元/次
骨髓移植（限一次）	10萬元/次
放射線或化學治療	500元/次
義乳重建	2萬元
癌症身故	10萬
理賠上限	200萬
癌症或一級殘豁免	有

Part 3

保險疑難雜症Q&A
業務員不敢或不想告訴你的真話

Q1 市面上有所謂的免費保單，不用保費係金吔？

 A 保險公司不是傻瓜！不用錢的保險往往才是最貴的保險！

所謂的不用錢，也不是真的免費，而是「還本型」、「保本型」保險的代名詞。

詳細解析

市面上有很多的保險，標榜可以「保本」、「還本」，但是講還本、保本不稀奇，現在很多業務員會用「不用花錢就可以買保險」的話術來吸引保戶，讓保戶覺得付出去的保費，最後保險公司會再還給我，而且我還白白賺到20年的保障，那不是大大的划算嗎？

真的不用錢嗎？

我這邊手上剛好有一份某保險公司推出的一張二十年期的還本型意外險的DM（右圖即為DM的重點內容）。因為接到他們的電話推銷，我就請他們直接傳真一份DM給我看，就讓我用這張DM簡單的說明，為什麼不用錢的反而是最貴？

◎某家保險公司還本型意外險DM重點內容

參加本意外還本專案二十年期，投保年齡為0～60歲，職業類別1～4類，不分性別、月繳保費3450元（以投保300萬為例），即可擁有下列超值保障內容：

· 意外傷害身故保險金 · 搭乘空中大眾運輸工具傷害事故**900**萬元 · 陸上／水上大眾運輸工具傷害事故**600**萬元＋實際所繳保險費總和 · 公共意外／海外停留期間傷害事故**600**萬元＋實際所繳保險費總和 · 其他意外傷害事故**300**萬元	**· 意外傷害醫療保險金** · 每日**3000**元×住院日數 ～醫療給付免收據，不與健保衝突	**· 骨折未住院** · 最高**9**萬元
· 意外傷害1～11級殘廢保險金 · **300**萬元～**15**萬元 　（如為第1級殘廢者，另退還實際所繳保費總和）	**· 長期住院保險金** · 每日**6000**元×第31日（含）以上之住院數 　（已包含意外傷害醫療保險金，每次最高給付為60日）	**· 所繳保險費的返還** · 因疾病導致身故或第1級殘廢時領回實際所繳保險費總和＋傷害險未滿期保險費
· 重大燒燙傷保險金 · **75**萬元	**· 住院手術保險金** · **3**萬元	**· 滿期保險金** · 二十年期所有實際所繳保險費總和**836,400**元

這張DM主要的投保內容是，0到60歲的人都可以投保，職業類別：一到四類，不分性別，一個月大概繳3458元。

以投保300萬元的還本型意外險來說，一個月約3,458元，一年的保費是41,496元，它的保障包括有：一般的意外險最多理賠300萬，還另外包括傷害住院的理賠金3千元，20年之後將你所繳保費的退還，退還83萬6千4百元。

每年繳41,496元，在二十年後，我所繳的，保費是82萬9千多元，當年如果乘以1%的利率的話，那一年大概會有8299元的利息。

1500萬保障VS.300萬保障

一般意外險的保費，投保100萬大約是一年500元，依職業別有所不同，就算是最貴的類別，第4類職業別一年大約1千多元，而還本型意外險每月要繳3千多元，可以讓你買到一般意外險將近700萬的保障（8299.2÷1200＝7），如果你是第一類型的工作型態，一年4萬多元的保費，用上面的算法，第20年的時候，光用利息就可以買到約1千5百萬的意外險，而這個還本型意外險卻只能買到300萬元的保障。

那第十九年也是用這個方式以此類推，3458×12，一年是41,496元，再乘以第19年，總共繳了78萬8千多元，乘

以0.01的利率的話，大概有7,884元的利息，除以500，大約是1千5百萬元。這個保險好不好，聰明的讀者應該一看就知道。

除了一年要繳4萬多元這麼昂貴的保險費，買到一個還本意外險僅僅只有300萬的保障，為什麼不要只花1千多元就可以一樣買到300萬的保障呢？

通貨膨脹之後，20年剩多少？

除了保費有極大的差距之外，你必須了解，現在用一年4萬元去買一個300萬的保障，在二十年後，即使讓你領回80多萬元，但經過了通貨膨脹之後，那時的80多萬元，能值多少？是一個很大的未知數。

保險公司用我們的錢用了二十年，它去做很多投資（當然最重要的可能是房地產啦～），二十年以後再把本金還給我們，可是這個中間每年還有3%的通貨膨脹率，這是保戶所虧損掉。

這些大保險公司把保戶的錢，拿去炒高房地產、股票，十年後我們要花更多錢去買這些貴到離譜的房子，或者根本買不起，再怎麼算我們都賺不贏保險公司，如果你只看保單上的數字，就很容易被唬弄過去。

> 保險公司根本是從你的口袋拿錢給你，還倒賺你一大筆。

還本型的保險商品都差不多

以前我們買意外險100萬，不論保費是1千多還是2千多，如果一年平安無事，保險公司不會把保費還給我們，可是現在的保險公司怎麼變成慈善事業？它不僅會把我們繳的保費還給我們，而且還送你免費的保險，這筆錢你又可以當作儲蓄，又能當作養老，真是非常吸引人。但結果呢，保險公司根本是從你的口袋拿錢給你，還倒賺你一大筆。

剛才只是以還本型的意外險為例，其實市面上還有很多還本型的醫療保險、還本型的癌症保險、還本型的壽險或者其他保本型的保險，甚至有些保險公司在帳面上會告訴你，到時候不僅還本，還會還到120％以上，比你原本繳的保費還要多。

投保之前記得要簡單算一下，如果只是購買單純的保險，它原本的保費應該是多少？你就大概知道自己是賺還是賠，自己是傻瓜還是聰明的人。

電視廣告上「一定保」的險種，值得銀髮族買嗎？

 『一定保』，這個廣告標題取得真好。但我只想反問這家保險公司一句話：「一定保代表『一定賠』嗎？」

詳細解析

檢視銀髮族保單4大要點

其實我相信大部分的消費者都知道一個簡單的道理：「羊毛出在羊身上」。針對銀髮族推出的保單，保費一定會比較貴，但投保這類的保險，還需注意以下幾點：

第一，以一個50歲的男性為例，如果一般男性的平均壽命是75歲，而他在50歲如果買的保額是50萬元，一個月大概要繳2千7百多塊錢。到你75歲時，你一共繳了25年的保費，大概繳了80幾萬元，可是你的理賠金額只有50萬元，也就是你所繳交的保費可能超過你的理賠金額。

第二，「一定保」的保險，在投保後的兩年內如果身故，保險公司不會理賠，頂多是把保戶所繳的保險費退還給家屬。

第三，保險公司為了要把它的身故的理賠額度提高，數字上會好看一點，它們很有技巧的加入一些意外險的保障，但其實意外險的保費本來就很便宜。你可以注意，有些保險公司把壽險的保障額度，設為50萬壽險加上100萬的意外險，這樣看起來你好像買到150萬的保障。或者保險公司再加上，若是因搭乘大眾運輸工具，而造成死亡，再多理賠你150萬元，你又以為你一下子就買到300萬的保障嗎？其實不然，因為附加大眾運輸工具險的保費，只要幾十元而已。

> 購買銀髮族保單時，一定要注意它在「自然身故」、「生病身故」的理賠是多少。

購買銀髮族保單時，一定要注意它在「自然身故」、「生病身故」的理賠是多少，而不是去看「意外身故」的部分，不要被它的賠償總額給欺騙了。

第四，還需注意這個針對銀髮族的保單，它是屬於「終身型」還是「定期型」的。有些是到75歲就沒有保障，有些是到80歲（定期型的），所以當初你所繳交的保險費在75歲以前沒有發生過事故，你所繳交的保費就送給保險公司了。

如果是終身型的，而有些公司可能是要終身繳費，不是只繳二十年就可以終身保障喔；如果從50歲開始投保，活到105歲就要繳到105歲，你再仔細核算一下就知道，保

費真的很貴。

　　廣告通常都會說得好聽，想清楚、完全搞懂了再去購買，會減少更多的紛爭。不過，金管會已經要求，這幾家在販售一定保的保險公司要特別註明：「一定保，不一定會理賠的字樣。」

什麼是最不需要買的保險？

A 我覺得最不需要的保險，第一名就是投資型保單！因為虧損的部分往往比你想像的還要多！

詳細解析

遇到有買投資型保單的保戶，我都會問他們：「目前你的保單是賺還是賠？」得到的答案都不出兩種狀況，第一，是根本搞不清楚是賺還是賠，他覺得保險公司有理財專員在幫忙打理，一定安啦，加上平常自己的工作很忙，也不能花太多時間一直關注，他們都會回答我說：「我也不清楚，應該還好吧！」

> 買投資型保單要先了解它一旦虧損，是如何計算，結果往往讓大吃一驚！

還有另一種答案是：「還好啊！雖然目前看起來是賠的，但只賠了20％、30％，業務員說放長期就會賺回來了。」

我會跟他們說：「那是保險公司告訴你賠20％或30％的，譬如你一年繳了10萬塊錢，連續繳三年應該是繳30萬，如果現在負30％，那是不是用30萬來乘以0.3嗎？其

實不是喔！」

虧損部分如何計算

　　因為投資型保單有很多的費用要先扣除，包括業務員的佣金、行政費用，還有管理費等一大堆的費用，剩餘才是投資部分，而業務員若告訴你賠30%，那是扣掉哩哩扣扣的費用之後，投資部分的賠30%，不是全部保費的30%。

　　舉一個很簡單的例子，也許你一年繳10萬元，第一年大概就有4～9萬元是所謂的行政費用（各家保險公司會有差

◎情況1：當保險員跟你說賠了30%時（單位萬元）

	投資型保單 每年繳的保費	累積保費	行政費 (含雜費)	累積總費用	累積實際 投資金額
1	10	10	6	6	10-6=4
2	10	20	2	6+2=8	20-8=12
3	10	30	2	6+2+2=10	30-10=20
4	10	40	1	6+2+2+1=11	40-11=29
5	10	50	1	6+2+2+1+1=12	50-12=38

◎情況2：當保險員跟你說賺了10%時（單位萬元）

	投資型保單 每年繳的保費	累積保費	行政費 (含雜費)	累積總費用	累積實際 投資金額
1	10	10	6	6	10-6=4
2	10	20	2	6+2=8	20-8=12
3	10	30	2	6+2+2=10	30-10=20
4	10	40	1	6+2+2+1=11	40-11=29
5	10	50	1	6+2+2+1+1=12	50-12=38

異），當然行政費用有包括很多項目，但實際上你真正投資的部份可能只有4萬元。

那第二年呢？第二年你的投資部分會提高一點，也許是8萬，但是你還是繳10萬。第三年可能你投資的也許還是8萬，但三年只投資20萬，實際上你卻繳了30萬，20萬裡面你虧了30％，也就是20乘以30％＝6萬，6+10萬（三年總費用）＝16萬，除以原來的30萬元，你其實虧了將近53％。

不要業務員跟你講了什麼，你就相信什麼，要注意是不是還要扣掉其它雜項的費用，這可是要一起計算的。

假設投資部份虧30％，帳戶裡的錢剩餘的金額	實際總虧損金額	虧損百分比
4×70％＝2.8	10-2.8=7.2	7.2÷10=72％
12×70％＝8.4	20-8.4=11.6	11.6÷20=58％
20×70％＝14	30-14=16	16÷30=53％
29×70％＝20.3	40-20.3=19.7	19.7÷40=49％
38×70％＝19.7	50-26.6=23.4	23.4÷50=46％

假設投資部份賺10％，帳戶裡的錢剩餘的金額	實際總虧損金額	虧損百分比
4×110％＝4.4	10-4.4=5.6	5.6÷10=56％
12×110％＝13.2	20-13.2=6.8	6.8÷20=34％
20×110％＝22	30-22=8	8÷30=26％
29×110％＝31.9	40-31.9=8.1	8.1÷40=20％
38×110％＝41.8	50-41.8=8.2	8.2÷50=16％

你看148頁的第一個表格，虧損數字是不是都比實際30%還要多呢？

還有如果業務員告訴你買的投資型保單賺10%，別忘記那不代表真正賺10%，有沒有扣掉費用的部份？148頁第二個表格就可以一目瞭然！

即使業務員跟你說賺10%了，實際上還是賠，那錢都跑那裡去了？都被行政費占去了。

我有個朋友，前陣子和我說他去銀行買了一個定期定額的基金，感覺還不錯，投資報酬率都還有5、6%。我說，「那你知不知道去銀行買定期定額基金，銀行要收3%的手續費……。若是5%減掉3%，你只剩下2%耶～」他一聽也發現，對喔！5%～3%的手續費，只賺了2%而已，而且台灣前陣子的定期利率還有3%，你存進去實際是倒賠1%。

投資型保單的保費都到哪裡去？原來行政費用就佔了極高的比例。

不要輕易相信業務員提供的數據

想了解投資型保單，你可以用最簡單的方法，直接打0800到保險公司的客服專線去問他們：「我的保單一年繳多少錢，我現在要贖回或解約，可以領回多少錢？」我相信很多人在聽到他們說的數字後一定會昏倒。

如果你一年花了10萬元買投資型保單，不管存了三年還是五年，現在如果要贖回，可以拿回多少錢？可能一半都不到喔！不相信的話，現在就直接打去問問，答案馬上可以揭曉。

　　不要輕易就相信業務員跟你講的數字，很多人會被這種數字遊戲搞得糊里糊塗。因為他告訴你的只是投資部份的損失，不代表你所繳保費的全部損失。

　　利率這個重要的數字，在生活中扮演很重要的角色，我希望大家夠從這個章節再一次清楚了解數字演算的方式。

　　我的錢如果放在銀行或自己的口袋裡，想怎麼使用就怎麼使用，不用怕被扣除一堆拉拉雜雜的費用。放在保險公司裡，萬一要理賠時保險公司又不理賠，想要解約的時候又得扣一大堆費用，要找原來的業務員如果他又離職了找不到人，變成了孤兒保單，處理起來真的很讓人頭痛。

Q4 看了你的前一本書之後，才知道我的保險都買錯了，買了投資型保單和還本型壽險，請問我現在要如何處理這些錯誤的保單？是解約嗎？還是繼續繳下去？

A 這真是很棘手的問題，如果已經繳了很多年，那就繼續忍痛繳下去！

以下3個方法，看能不能幫到你。

詳細解析

很多人都有這樣的疑問：「買錯保險該怎麼辦？」通常接到諮詢電話，十通中有五通是類似的問題。我認為，不管哪一種的商品，在三、五年前買的終身型保險，都不建議解約或變更展期或減額繳清。如果真的沒錢繳高額的保險費，建議可先向保險公司貸款（年利率約4%～7%）來繳，可以先算算看划不划算？總比以後若重買保險，要來的有利一些。

如果真的因為繳費太多時，保單有解約金的險種，可使用下列三種方法。無解約金的險種又分為一年期及終身型的。一年期的可以解約轉成產險公司的較便宜。終身型的險種，我也只能告訴你，若繳了很多年就盡量撐下去

吧。

以下三個變更契約的方法，大前提是你的身體狀況要很健康，免得一旦有所變動後，又發生理賠事故，新投保的可能一毛錢都賠不到，那就虧更大了！

◎如何處理不適當的保單

		有解約金的險種 （亦稱現金價值） 例如：儲蓄險、終身壽險	無解約金的險種 例如：醫療險、意外險、癌症險
方法1	解約	不必再繳保險費，拿回解約金，保單終止	不必再繳保險費，無解約令，保單終止
方法2	減額繳清	1.不必再繳保險費，本契約繼續有效。 2.保險期限維持不變。 3.其給付條件與原契約同，但保險金額縮減。	無法辦理減額繳清
方法3	展期成定期險	1.不必再繳保險費，本契約繼續有效 2.保額不變，但是保險期限改成定期險	無法辦理展期成定期險

如何選擇保險公司或保險業務員？

選哪家保險公司或跟哪個業務員買保險，
其實並不是絕對重要。
重要的是你自己一定要先做功課。不懂的
保險就不要買。

詳細解析

　　很多讀者因為是住在中南部的關係，打電話來問我說，我可不可以介紹他們中南部哪一家保險經紀公司比較好，甚至連保險業務人員也打電話來問我說哪一家經紀人公司比較好，他們想要去投靠那家經紀人公司，當我接到這樣的電話的時候，我就直接說：「今天不論是一般的壽險公司或者是保險經紀人公司，基本上都是以營利為目的，選哪家保險公司並不重要，經紀公司也不一定很重要，重要的是，這個業務人員有沒有道德與良心。」

　　傳統的保險公司也有非常優秀、有良心的業務人員，經紀人公司的業務員也有很多是唯利勢圖的，這真的沒有一定的答案、一定的標準，何況人是會變的。最常遇到的情況是，在拉保險時，業務員三天兩頭就打電話給你，態

度非常誠懇、勤快；一旦等你簽約之後，可能很久都不跟你聯絡，這個反差非常大。

買保險，一定要自己先做功課

所以你要我提供如何選擇業務員的準則，我真的沒有標準答案，只能告訴你，自己在購買保險時，一定對這樣商品有充分的了解，你在諮詢保險公司的業務員的時候，也可以提出你的看法，大家基於一個良性的互動狀況之下，所買的保單才是比較恰當的。

也有讀者在看完我第一本書之後，拿了我的書去跟他的保險業務員討教，他的那位業務員朋友非常驚訝，說怎麼在短短幾天內，這個人就

> 如果買保險時，能碰到有良心的業務員，那真是非常幸運！

對保險這麼了解，而且提出來的問題是直接而且犀利。

所以我的建議是平常多閱讀有關這方面的書，當你心中有一把尺的時候，我相信你所作出的任何判斷都不會差距太大，保險業務員只能從旁輔助，不能完全被他牽著走。

當保單變成「孤兒保單」時要怎麼辦？

 你相信嗎？其實在你買了保險之後，九成的保單都會變成「孤兒保單」。

詳細解析

很多業務員在跟你推銷保險時，他都會講的很好聽，比如說：「我會服務你一輩子」、「有事情時儘管找我，我會隨叫隨到」，我相信這些話很多人都聽過，但實際上呢？好像簽了保單之後，保險業務員往往就突然消失了。當然也不是全部的業務員都是如此，但這真的是一個很普遍的現象。

不過，從保單的性質來說，以一個二十年期的保單，很少業務員會在二十年都沒有異動，都待在同家公司服務；還有很多兒童保單，爸媽從小孩零歲時就幫小朋友投保，到了小孩長大成人時，那個業務員大概也有5、60歲了吧，可能早已經退休去了。

那在小時候買了這個保險的被保險人，他的保單是不是變成了孤兒保單？所以我才說，九成以上的保單都會變成「孤兒保單」，這是很難避免的問題。

自己做個保險筆記

　　我建議你可以做個保險筆記，記下自己每家保單的投保重點、請領方式，就附在保單裡，這樣到時候有需要時就可一目瞭然，不論原先的業務員是否離職，你對自己的保單有充分的了解，就沒在怕。

　　之前我聽說政府有意把保險知識在校園裡宣導，我覺得這是一個非常好的作法，因為國人的投保率已經快達到了百分之二百，可是大部分的民眾對於一般保險的知識還是非常缺乏，僅能從一些電視媒體和保險公司做的廣告及雜誌上面所得到的片段、不完整的訊息，其實這些都不是保險真正的精神。

> 政府應負起宣導正確理財觀、買保險的基本知識。

　　我認為政府的教育高層真的應考慮把理財相關的知識，列入學校的課程中，我有很多保戶都是博士、醫生，從小都是頂尖的高材生，但卻對保險和理財一竅不通，所以我在書上也都儘量用最簡單、易懂的觀念，來讓讀者理解。如果全民能對保險有正確的基本認識，那所有的保單都不是孤兒保單，而是一輩子有效的保單。

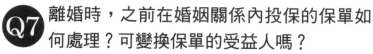

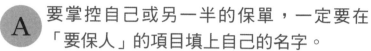

詳細解析

　　我有一位高中同學茱迪，長得很美又高挑，沒結婚之前是空姐，後來30幾歲結婚了。結婚的對象是一位曾經離婚的張先生，這是他的二度婚姻，因為茱迪在婚禮二個星期前才知道，心中總是覺得不是滋味，但兩人已經快結婚了，就照原訂計畫步入禮堂。

　　她結婚之後，有天突然打電話給我，說要跟我買保險，那時我已知道她的狀況，就順口問她：「妳先生之前有買過保險嗎？」她說：「好像有吧！」我提醒她：「那他現在跟妳結婚，是不是應該把保單重新檢視一下，受益人有沒有從前妻的名字改成妳的名字？」這句話似乎點醒了她，可是她又不好意思，她說：「我們才剛結婚就要和他談保險的事情不好吧？」

忘了變更受益人

我說：「其實這種事情在妳結婚之前就應該要談好的，在日本，很多人結婚，保險額度沒有個1千萬，對方是不想跟你結婚的。」也就是說，當男女雙方步入禮堂之前，除了要了解對方的家庭生活狀況、彼此的身體狀況之外，還要互相買一個保險，這樣的婚姻是不是才是美滿的。

隔了幾天之後，茱迪打電話給我，說她先生的保單已經拿到了，受益人果然是她前妻的名字，問我現在要如何更改。

我說：「因為保險要保人是妳先生，被保險人也是妳先生，受益人是寫前妻的名字，那麼要更改這份保單的受益人，必須要經過要保人的同意，也就是妳先生的同意，妳要不要跟妳先生談一下？」我把這個重要性告訴她，如何申請更改的手續也跟她說，可是她始終沒跟先生談這件事，因為不好意思，這麼一拖也就拖了四年。

> 碰觸到保險金這種敏感議題，夫妻雙方應有智慧的心態來處理及面對。

有一天，茱迪又打電話給我，哭著說她先生得了肝癌，在榮總加護病房治療，當時我曾到醫院去探望她先生，看著她手裡牽著一個3歲小孩，肚子裡還懷有一個尚未出生的孩子，只擔心她先生的病況，我也忘了再跟她確

認保險的受益人到底變更了沒。

直到她的先生去世，要幫她的先生辦理後事及申請理賠才知道，之前的保單受益人全部都還是前妻，她先生保險的理賠金茱迪一毛都沒有拿到，怎麼辦？還要養一個三歲的小孩和一個還沒出生的小孩，一個30幾歲的年輕寡婦，未來的生活該怎麼過？

保單的關鍵在要保人

目前台灣離婚率蠻高的，每4對夫妻就有1對離婚，那麼在婚前所購買的保險在離婚後，或者又再婚時，如何變更保險的內容。我先就比較簡單的觀點來說：「要保人是可以有權利變更這個保險內容的人，要保人就是出錢買保險的人，他跟被保險人可以同為一人，也可以是不同的人。」

例如：A先生跟B小姐結婚後，A先生買保險當要保人，也當被保險人，受益人寫B，如果他跟B小姐離婚之後再跟C小姐結婚，那麼這張保單的受益人想變更成C小姐，一定要經過A先生的同意才可以變更成為C小姐。

> 保單上的要保人就是出錢買保險的人，有權可變更受益人。

但是如果A先生在跟B小姐結婚後，B小姐是要保人，A先生是被保險人，之後兩人離婚，A先生又跟C小姐結

婚，這張保單要變更受益人成為C小姐的話，那麼一定要經過B小姐的同意，依現實狀況，這想要變更受益人，可能較難。所以說，結婚以後投保時，誰當要保人、誰當被保險人、誰當受益人，這是非常重要的問題。

要保人一定要寫自己的名字

在台灣通常喜歡買保險大部分都是女性，也就是太太會幫先生投保，此時我會偷偷建議你，即使出錢的人是先生，最好要保人的名字是太太的，被保人是先生，第一順位的受益人當然也是妳。

萬一，將來有一天妳先生因為外遇而跟妳離婚時，想改變保單的受益人名字時，一定要經過妳的同意，這樣比較能保障自己的權益。

可是倘若結婚時，由先生當要保人，先生當被保險人，受益人雖然是寫妳的名字，可是一旦發生離婚的狀況，那麼因為在保單的認定上先生是出錢的人，他有權利變更這張保險的內容，所以他可以把受益人變更成為他新的另外一半，不必經過妳的同意。

不要像我同學茱迪一樣，傻傻的結了婚，也有小孩了，結果丈夫突然因病去世，保險金她一毛錢都領不到。

談到保單上受益人的名字時，很多人會跟茱迪有一樣的想法，不好意思講清楚，其實我會建議在結婚之前都把

事情說明白，在結婚後如果主動去提，好像會擔心另一半會介意，或者你可以在看這本書時，跟你另一半分享一些保險觀念，到時適不適合問這個「敏感」話題，你就自己判斷。（也就是說，當你看完此章節後，不妨要求另一半也必須看一遍）

　　同樣的，太太在幫自己投保時，記得要保人一定要寫自己的名字，被保險人也是你，但受益人的部分，如果妳真的很愛妳的先生，當然要寫先生的名字，可是一旦離婚的時候，這份保單怎麼辦？因為要保人是妳自己，妳隨時想怎麼變更都可以。

受益人最好寫上名字

　　還有另一種情況，保單的受益人和法定繼承人之間的關連又是什麼呢？如果A先生和B小姐結婚，A先生在保單的受益人上寫B小姐的名字，如果沒有變更保單的話，保單當然是由受益人B小姐所領取。但如果這份保單受益人的空格上是寫「法定繼承人」這五個字時，當A先生和B小姐有婚姻關係的時候，沒有問題，受益人還是B小姐，但若兩人離婚，A先生又和C小姐結婚，雖然受益人未更正為C小姐，但那他的受益人依然是C小姐（法定繼承人的第一順位為配偶）。

> 買保險之前，要先搞清楚保單中要保人、受益人這些關係。

所以，在受益人沒有寫上名字時，一旦發生離婚的狀況，也就產生變化，最好還是寫上名字是比較明確的。

　　當我們在投保時，不要只問保險買了沒、買得夠个夠，辛苦的繳了多年的保費，結果受益人是別人。一定要先搞清楚保單中要保人、被保險人、受益人這些關係。

Q8 遇到保險理賠糾紛時，到底有什麼有力的管道能幫忙解決？

 A 直接向海外總公司反映，是體制外又有效的方法！

利用網路的力量，集結一些相同的受害者，一起向保險公司或主管機關反應，也是一個不錯的方法！

詳細解析

在我第一本書曾經列舉出來一些所謂的金管會、保險局、保發中心、消費者基金會，甚至於法律扶助基金會等傳統申訴的管道，但後來我的讀者還跟我分享不同的申訴管道，也挺有用的。

陳先生在三年前向某保險經紀人買了一張某知名人壽公司的終身增額壽險，保費一年高達50萬元，事後他覺得該業務員當初銷售該保險時，有些話術怪怪的，他就去找了保險局、消基會、保發中心，但保險公司依然使出拖泥帶水的絕招，同樣是沒有下文。

陳先生實在是忍無可忍了，他就寫了一封信，把保險糾紛的內容、保險公司的處理態度、申訴的過程，寫得非

常詳細，然後特地到翻譯社，請人把信翻譯成英文（費用並不高），然後他直接把這封英文信寄到國外的總公司，沒想到很快得到回應。台灣的人壽公司馬上把他當初所繳的保險費退還給他，三年的保費，加起來大概有150幾萬元。

這位讀者覺得這招還挺有用的，就把他的方法跟我分享，也可以提供其他讀者參考，有此類似困擾的人，不妨可以試一試，否則要與保險公司對抗，就好像是小蝦米對抗大鯨魚一樣的困難。

小蝦米對大鯨魚困難重重

另一位讀者是我台中的朋友張先生，他十幾年前跟一位老同學買了一張知名人壽的保單，也是在理賠時發生了很大的糾紛，他在看了我的書才知道，原來壽險不是只有在身故時才能理賠，而是有達到「全殘」的標準時，也能申請理賠。

> 當理賠發生爭議時，先循正常管道提出申訴，如果不成，不妨可以寫信給國外總公司。

張先生的母親在大概在三年以前，因為中風造成了全身的癱瘓，當時他曾問他的同學可不可以理賠，他的同學說不行，一定要被保人身故時才能理賠，他幫媽媽買的是300萬元的壽險，他覺得很奇怪，我的書上明明說壽險在全殘時可以獲得全額理賠，他就拿著我的書，去找他同學

據理力爭。他的同學才說幫他申請看看，當然沒多久，理賠金很快就匯給他。

保險公司硬拗

不過，張先生後來一想不太對，他的母親在三年前就已中風，那時他就有詢問是否可以理賠，是因為他同學說不能理賠，所以這三年他又乖乖繳了保費。照理說，在得到理賠金之後，保險契約就算終止了，他如果能在三年前拿到理賠金，也不用多繳這三年的保費，何況害他多繳保費是因為業務員的專業度也不夠，竟然搞不清楚壽險的理賠範圍。而這多繳保費是不是該退還？

但保險公司當時說他沒有提出申請，所以拒絕退還，其實他有提出申請，只是被業務員拖泥帶水沒處理，因為這樣又與保險公司溝通了幾十次，可是對方還是愛理不理。

最後他也是一樣，直接寫英文信，不過他不是寄給美國的總公司，而是寄給美國總統歐巴馬，因為美國政府說要接管這家保險公司，至於結果如何，目前尚未分曉，我希望他能得到自己應有的權益。

不過這確實是一個好方法，因為現在是網路發達的時代，其實只要發一封E-MAIL就可以，如果發了E-MAIL對方沒有回應的話或是沒收到的話，再把這個E-MAIL列印

出來郵寄、掛號、雙掛號，其實都可以。

一個引起爭議的保險

前幾天，我的另一位小學同學曉芬突然來找我，又問我同樣的一個問題，她買了壽險，也是透過某大保險經紀公司所購買，產品內容跟我們前面第一個讀者陳先生的案例幾乎一模一樣。

她一年繳40幾萬元的保費，但是業務員跟她說，只要繳三年就好，第四年之後，就可以用現金價值來繳第四年至第二十年的保費。繳了三年之後，她才來問我，這保險有沒有問題？

> 一年繳40幾萬元的保險，只要繳三年？原來是業務員的騙人話術！

「你的保費一年要40多萬，二十年就要800萬！妳可以用這筆錢去買一棟房子了，怎麼會買一個自己都不清楚的保險呢？就這樣傻呼呼的把錢大把大把的撒出去！」因為實在很離譜，我忍不住想罵她。她的答案也跟大家一樣：「她是我的同學，應該不會害我。」

因為曉芬的家境並不好，她的先生大約在一年前因為車禍，腳部受了重傷，但最初的醫院沒有處理好，後來因為肌肉壞死轉送大醫院時，大醫院說非立刻截肢不可，後來她的先生只能截肢，也失去工作能力，姑且不論這有沒

有醫療疏失，我生氣的是她的同學，明知道她家的狀況，竟還跟她推銷買一個年繳40萬元的儲蓄險。

這種保單美其名說，只要繳了三年之後，第四年開始都不用繳保費了，但實際並非如此，因為保單的規定是要繳二十年，那業務員為什麼說可以不用繳？它是用向保險公司貸款的方式來付以後的保費，保險公司已經賺了高額的保費佣

> 沒有道德良心的業務員，完全不顧保戶的真正需要，只想推銷保費超貴的保險。

金，又向保險公司貸款，又多要付一筆利息錢！我的同學等於被剝兩層皮，我想請問這位保險同業：「你的良心何在？你是真不懂，還是存心欺騙？」

網路力量大

最後這張保單也因為該保險經紀公司傳授業務員銷售時所用的話術，極具爭議性，在國內引起不小的議論，也有好幾百人走上街頭抗議，逼得保險局不得不出面處理，曉芬也因此拿到她當初繳的120萬元的保費。

我發現，利用網路的力量，集結一些相同的受害者，一起抗爭，將問題浮上檯面，也是小蝦米在對抗大鯨魚時一個不錯的方法。倘若因為保發中心、因為金管會、保險局，沒有能力可以處理這些保險糾紛，這是另外提供兩個特殊的方法，各位不妨試試看，希望你們也能成功。

Q8 保單的專有名詞好多，文宣上也有各種吸引人的理賠項目，要如何辨別文宣或保單說的有沒有膨風？

A 看不懂的內容或專有名詞的保單，或廣告文宣，那你就不要買！

絕不買自己看不懂的商品！愈複雜的保險商品，愈不要去碰！

詳細解析

　　保單上文宣的文字，愈簡單愈好，最好是簡單到國小或國中程度就可以看得懂的，那麼這就是一個很好的文宣，如果中間有一個字不懂，這份保單你就別買！

　　譬如，你在購買投資型保單時，業務員都給你會落落長的報表，一、二十張的數字，看起來成效驚人，但你只要注意看到它有三個小小的關鍵字：「不保證」，你就要小心，我不是說他提出的報表是假的，但既然是「不保證」，就表示不一定賺，也可能大賠，只是他可能不會給你看賠錢的案例。

　　那麼前面給你這麼多的報表，不要說你們不會仔細去看，我相信很多業務人員也不會看，那麼這代表什麼，代

表愈複雜的東西愈不要碰，愈簡單的愈好，哪怕是有一個字不懂，就不要去買它。

像「定存」這二個字，你是不是一看就懂，它雖然不是一個很好的投資理財工具，但是它是一個最清楚的投資理財工具，有誰買定存產生糾紛過的？沒有吧！

搞不懂的商品就不要買

買房子時也會有很多定型化的契約，尤其向有品牌的房屋仲介公司購買時，漏水、凶宅、輻射屋，通通都是受到法律上的保障，不太會有什麼問題，但這都還是會有糾紛，我相信也不會比保險來得多；最起碼在契約上面，房子的定型化契約是非常清楚，但保險的保單裡有太多金融專有名詞，連保險業務員可能都搞不清楚，而保戶當然就更不懂。

> 保險合約中的專有名詞太多，常常讓人搞不懂，也容易引起爭議。

如果你對於保單或宣傳單上的專有名詞不太清楚，你可以打電話到該公司0800的客服專線去詢問，最起碼不會刻意欺騙你，千萬不要直接問你的業務員。

投資保單的陷阱

就以投資型保單裡面的「不保証」這三個字來說，業務員他會說：「雖然是不保証啦，但是按照以前的經驗，

以前都有10%或是15%的投資報酬率，這個地方雖然不保證，但是搞不好獲利會比這個更高啊！」有些讀者聽聽覺得好像也對，你一直往好的方面去想，卻忘了評估它的風險，萬一賠錢呢？承受的起嗎？

前陣子有一個讀者打電話給我，說他慘賠了500多萬，從民國九十三年投資型保單到現在慘賠500多萬，在台中都可以買一棟不錯的房子了。

業務員的DM不一定可信

還有你在看保險的DM時，要注意是不是由保險公司所製作，如果到時候有一些糾紛時，要保險公司負責也是有依據，可是如果是由業務員製作的DM，說的有多好多好，到時候出了問題，你說是看了這張DM才去購買保險，保險公司可以不承認。

前一陣子有家保險經紀人公司賣了很多的保單，他們都是用自己的業務員自己製作的DM去銷售，甚至連保險企劃書也不是保險公司的統籌製作的，而是業務員自己用EXCEL試算出來的投資報酬率10%、15%、20%以上，讓保戶很心動，結果就引起不少的保險糾紛，但只要出問題，保險公司通通予以否認，一定要保險公司所製作的DM會比較清楚，要不然可以上保險公司的網站，或打0800的電話去問一下這個商品所提供的數據和內容是不是和業務員說的一樣。

買保險，錢要花在刀口上

雖然景氣看起來已經有回溫的趨勢，但每一分錢仍要好好利用，買保險也有一些便宜的撇步，可以幫你看緊自己的荷包。

第一招，價格比一比。產險公司提供的意外險和健康險，保費都比壽險公司便宜許多。同樣的保費，理賠金可能可以多一倍喔！

第二招，簡單就好。買保險不用多，只要買對幾個重要純保險，如意外險、重大疾病險、癌症險等。

第三招，可以搭順風車。企業都會幫員工投保「團體保險」，保費較便宜一半有餘，可以利用加入團保，把保費提高。

第四招，把錢花在刀口上。如果你是開車族，建議把「第三人責任險」的額度提高，別花大錢去買全險，一旦出事，有用的也只有「第三人責任險」。

第五招，保險夠用就好。如果預算有限，更要了解「低保費，高保障」的險種。

買保險為什麼一定要買到千萬的保障？

 當面臨生死關頭之時，我只想著保險會不會買得太少了！

買了足夠的保險之後，有多餘財力，不如去投資自己、投資孩子！

詳細解析

我以自己切身經驗當例子。

有一個下雨天，我騎摩托車要趕到客戶那邊去，因為時間有點趕，雖然我的車速還不是很快，但是因為天雨路滑，摩托車的輪子剛好碰到馬路上畫的那條白線的部份，再加上雨很大，一不小心我連人帶車就滑倒了，剛好就距離對面正在行駛的大卡車，不到二公尺的距離，我的摩托車差點滑入它的輪胎下；如果我車速再快一點，摩托車再往前面滑個三、四公尺的話，或是對方車速也再快一點的話，我這條命就沒有了。

不騙你，當我連人帶車滑倒快衝撞到對面的大卡車時，我腦中浮現的是全家人的畫面，想著他們未來的生活怎麼辦？可是念頭一轉，我的意外險加壽險差不多有2千

萬元，至少他們不會缺錢用，當下就覺得很安心。雖然山車禍是一剎那的時間，可能只有短短幾秒鐘，但在經歷生死關頭時，你才了解原來自己心中最在乎的是什麼，至少當下我覺得我沒有後顧之憂。

投資自己、小孩最划算

先把保險買足夠了，有多餘的錢再去投資，我沒有負債，也沒做保人，活得非常自在。我不否認很多人在投資裡賺了幾倍的財富，但也有不少人因為投資失敗，生活一下子從天堂掉入地獄，我寧願先把我的錢拿去投資自己、投資小孩，總比投資在一些自己都搞不清楚的商品中要好。

> 我寧願把錢拿去投資自己、投資小孩，總比投資在一些自己都搞不清楚的商品中要好。

我先投資自己，不論是保險專業課程或其他課程，都能讓生活過得很充實。再來，我投資小孩，讓小孩去學才藝、學語文、學人生經驗，比拿錢去投資給別人還要實在。

我曾經當過學校的家長會會長，碰到一位數理資優班的一個家長，他的兩個小孩子都是數理資優班的學生，都非常優秀，這所國中在台北是明星國中，他和老婆花了很多心血用心栽培孩子，他說：「其實就是從國小五、六年級開始，很用心的陪伴他們，花了很多時間，陪他們找好

的老師、去好的補習班，只要這三、四年的時間，幫他們打好學習的基礎，以後他們就能循著這個模式，考上不錯的學校，擁有不錯的職業，這不是很划算的投資嗎？」

他的這個投資的確值得的，剛好小孩子在青春期的這段時間，他最需要人陪的時候，最容易變壞的時候，父母親都跟在旁邊，這種投資比金錢遊戲更讓人有滿足感。

是賺到還是損失？

父母如果因為要忙著賺錢，沒時間陪孩子，讓他自己吃飯、上補習班，小孩心裡有事也不會跟父母講。可是這一個用心的爸爸，盡量不加班，也不應酬，把他的時間盡量陪孩子，雖然補習費用不少，但孩子也以優秀的成績來回報，這樣的生活多麼安穩，何必去追求一些數字的遊戲，如果賠了錢，也會影響心情，影響家庭的和諧。

可能有人會認為，這樣父母親是不是很累？我問過他們，他們說是樂在其中哪！陪自己的小孩算累嗎？投資自己的小孩，就算沒有立即的回報，也是值得的。用心是最重要，不一定要花大錢；心安最重要，不一定要去追求龐大高額的數字，表面上你好像賺到了，其實你損失的東西更多。

Q11 儲蓄險到底該不該買？可以藉由繳保費一邊存錢，期滿後領回保險金，又有保障，不是一兼兩顧嗎？只買純保險很虧吔！

A 想清楚你買保險是為了儲蓄還是保險？儲蓄險的保費高、保障偏低，買保險一定要衡量自己的動機還有經濟能力！

詳細解析

我自己定義的儲蓄險和一般保險公司、學者不太一樣，我認為，只要繳保險費後，不論被保人是否身故，都一定可以拿到保險金的，這都叫儲蓄險。

不論是幾年還本、活得愈久，領得愈多的年金險，或者是六年一期的養老，六年一到，就能領回保險金，或者滿十年、二十年後可以領回的，不論是終身或定期，只要是能領回的，我認為這也都是儲蓄險。

還有另一種終身期的壽險，或者是增值型的保險，只有在投保人身故時才能領到保險金，因為它也一定都可以領到保險金，我認為它也算是儲蓄險。

儲蓄型、還本型的保險，保費超高

現在的儲蓄險保費都很高，包括剛才提到的終身型的壽險，二年還本的、三年還本的、六年還本的都叫作儲蓄型。另外，還本型的意外險，因為期滿後可以領回保費，它也是儲蓄險的一種。

就連癌症險也有還本型的，當然還有還本型的各式醫療險，這都是儲蓄險，它們都是先從我的口袋拿錢，再把錢還給我們，說是幫我們儲蓄。

還有許多的婦女型保險，無論是婦嬰險、婦幼險，大部分都會搭配一個終身型或二十年的壽險，可能每三年給你一筆健康基金，每五年給小孩一筆獎學金，通常媽媽們在懷孕時，就會想買個這種類似的保險商品，雖然名稱是婦女險，但也因內含可領回部分的保險金額，所以也算是儲蓄險的一種。

> 儲蓄險的保費與銀行定存利率的高低有密切的關係。

既然是儲蓄險，它的保費就會很貴，與銀行定存利率的高低有密切的關係，銀行利率低時，你的保費就會很貴，銀行利率高時，保費就較便宜。但我的結論是，如果你真的不是有錢人，這種貴參參保險，根本不用買。

大部分的保戶都有一個迷思，可以藉由繳保費一邊存錢，期滿之後，又有保障又有滿期金可拿，不是一兼兩顧嗎？可是就是這樣的觀念，讓我們去繳些貴得要命、理賠

卻少得可憐的保險，反而虧更大。

理賠的金額夠多，才是買對保險

我認為，保險就是單純的保險，只要發生事故才有理賠，沒發生事故就把繳出去的保費，當作捐給公益。當然不是單純的保險就一定最好，但至少它有個重要的優點：保費少、保障高。而儲蓄險，你能靠它存多少錢？（抵得過物價上漲嗎？）投資型保險，你能靠它賺多少錢？買保險一定要衡量自己的經濟能力。

有人認為：「會理賠的保險，就是好的保險！」

舉個例子，某甲和某乙都去買了意外險，某甲是買還本型意外險100萬，一年的保險費用是2萬多元，某乙買的是單純型的意外險，他花了3千多元，買到500萬的保障，如果沒出事時，看不出誰買的保險比較好。一旦兩人若都遇到意外而死亡，某甲的家人只能拿到100萬的保險金，某乙卻拿到500萬。如果甲是用2萬元去買單純型的意外險，那他的家人可以領到4千萬的理賠金，你說誰買的保險比較有用？

> 一旦需要理賠時，能讓你拿到高額保險金的，才是好保險！

但又有一種說法：A先生雖然買還本型意外險，出險理賠100萬元，B先生買純保險，但一直未出險，當然也沒理賠金可領。到底哪個划算？讓您細細琢磨。

在買保險時，要很清楚自己買保險的動機是什麼？是要求保障，還是要賺錢？要買儲蓄險也不是不可以，它可以獲得理賠，只是理賠金的金額不高，自己在購買之前，仔細的盤算一下。

「會理賠的保險，就是好的保險！」其實這句話也只說對一半，在購買的過程當中，如果各位能夠檢視一下它的理賠項目、它的理賠額度，還有我們所繳交的保費，「理賠的金額，能讓你或家人無後顧之憂，這才是買對保險。」

Q12 不婚族買了「純」保險也用不到？該如何規畫保單，才能讓老年生活無憂。

A 還是先記得一個大原則：「養老不能靠保險！」
保險是幫你承擔風險，想規畫養老金，必須要靠其他的理財管道才行！

詳細解析

如果你是個不婚族，可能會覺得光買消耗型保險不划算，因為一旦身故之後，也沒有家累，那筆保險理賠金會覺得好像都沒用到。

但我要醒你的是，像意外險、壽險，並不是死亡才有理賠，而是萬一發生事故，造成殘障的不幸狀況時，也有理賠，也許你是不婚族，無懼身故，但若有意外殘廢或生重大疾病時，必須有人幫忙照料受傷的身體時，怎麼辦？

我想問你：「如果沒有個幾百萬，以備萬一，如何心安呢？」之前有個新聞報導，有位任職科技公司的小姐，外出買便當，就被車撞成重傷，還記得嗎？

別忽視意外險及壽險的殘廢理賠

一年期壽險的保障範圍就不論是生病或意外造成的身故及全殘都有理賠。我有位開工廠的朋友老曾，他的女兒就得到紅斑性狼瘡，沒想到後來變成植物人，一躺躺了30年，怎麼辦？雖然有家人照顧，但這沉重的負擔讓家人都快喘不過氣了。

各位讀者朋友，買保險時，尤其是買意外險和壽險，絕不要忽視殘廢部分的給付，而且這二種保險有個優點，可以一次領取全部的保險金，領回之後，自己要怎麼用都可以，但我還是那句老話，最好要買到500萬以上，甚至1千萬元，才算是真正的保險。

> 意外險和壽險有個優點，可以一次領取全部的保險金。

至於養老的部分，你可以用定存或買基金的方式，先存一筆錢後，再試試房地產、單筆基金……等。但是想用買保險，來當養老金，這是非常錯誤的觀念。

Q13 這題換我問大家：「開車的朋友，你覺得最重要的保險是哪一個？」

A 開車的人最重要的是「強制及第三人責任險」！

沒錯！只要是開車或騎機車的人都要買，你也一定有買，但問題是你買得足夠嗎？

詳細解析

很多跟我買車險的朋友常常會說：「我只要買1千多塊錢的強制責任險就好了，不用再買其它的保險。」當客戶對我這麼說，其實我對他的保險觀念就有質疑，而且也會覺得他有點不負責任、不夠聰明。

我先解釋何謂「強制第三人責任保險」，只要保險上有『強制』兩個字的，就是政府規定一定要買的，所以機車族和開車族都一定會買，而它的保險金是理賠給受害者，不是給駕駛喔！是賠給被駕駛撞的那個人。

基本理賠額度才150萬元

這裡的第三人就是所謂的「外人」，一個人有150萬元的死亡及殘廢理賠金，另有20萬的醫療理賠金，這個額

度是不變的，這個是賠給受害的第三人，包括乘客在內，但就是不賠給肇事的駕駛。

大部分的人都只買以上最基本的額度150萬元，但你想想如果哪天你開車一個閃神，不小心把別人撞成了全殘，保險公司幫你賠給對方150萬元。但這個金額，對方會覺得夠嗎？

前幾天才有個新聞報導，一位開車族撞到一位騎機車的女軍官，雖然女軍官逃過一劫，但她說她喪失味覺，要求對方鉅額賠償，而法官也判肇事者要賠600多萬，這可讓肇事者忿忿不平，還特地登報懸賞，如果有人可以舉證那位女軍官並沒有喪失味覺，他願致謝50萬元。

> 肇事時，有1千萬可以理賠給對方，也不會讓自己的財產，一夕之間全化為烏有。

姑且不論這個判決是否合理，畢竟醫生也說，醫院也沒辦法證明有沒有喪失味覺，但要一位薪水階級，因為一個車禍，一次的不小心，就要理賠600萬多元，可能傾家盪產都不夠賠，那他這輩子幾乎從彩色變成黑白。你想想看，如果是你可以承擔起這個風險嗎？

所以我才主張，開車族一定要加買第三人責任險，而且買到1千萬以上的保障，出事時，有1千萬可以理賠給對方，也不會自己辛苦一輩子的財產，一夕之間全化為烏有。

買到千萬保障，每天不到10元

但是我從事保險工作十幾年，看了不下上萬張的保單，大概一百張裡面不到一個人會把第三人責任險買到1千萬。其實第三人責任險的保險費非常便宜，就算你買到1千萬（30～60歲的駕駛），一年保費約是3千元，一天不到10元。

這是我一直在灌輸的保險觀念：「買保險是一種負責任的行為。」買了保險，可以讓你無後顧之憂，照顧你的家人之外，也同時要尊重別人的生命，而且它的費用是這麼便宜。

意外的事是誰也說不準的。每天新聞都在播出車禍事件，一次的不注意不僅毀了自己的前程，更斷送對方家庭的幸福，再來談到賠償的問題，對於雙方而言都是一而再、再而三的煎熬。那我們為什麼不靠保險來分擔風險呢？而且是一年才3千元左右的保險費（指30～60歲的駕駛）。

> 買保險是一種負責任的行為，可以照顧家人，並尊重別人的生命。

合理的賠償是負責任的表現

我常常不能理解國人的購買保險習性，一個月至少繳個3、5千元，寧願花很多錢去買儲蓄型的保險、買投資型的保單，買了新車，又花了幾萬塊去買所謂的甲式、乙

式、丙式或所謂的竊盜、全險，卻不願意花3千元去買一個第三人責任險。這真的才是最划算與最安心的保險——保障自己的財產，又尊重別人的生命。

車子被偷、被撞壞了，100萬痛個三年、四年，再賺也不是很難；但是如果你把人家撞殘廢或身故了，又沒錢能賠給對方，那真是一輩子難過，或者為了理賠金和對方一直在打官司，你和對方的生活都會一直陷在車禍的陰影，這是何苦呢？

汽車族的第三人責任保險就是保障一旦駕駛有過失時，法院判決駕駛要理賠給對方，當你有個1千萬元的額度做為後盾，最起碼會安心一點。

開車族第一個要買的就是『強制險』，沒有話講，這是政府規定的；第二個要買的就是『第三人責任險』，而且額度要1千萬，這兩個保險是最重要的，也都是負責任的表現。

尊重別人也尊重自己

那你如果問我：「那駕駛人自己的部分怎麼辦？」你自己當然還要買意外險或人壽保險，這樣才是一個完整的保險規畫。

第三人責任保險是尊重別人的一種保險，也是保護自己財產的一種保險，不要因為那是賠給別人就覺得沒必要賠，那你換個角度來想，這也是保護自己財產的做法，因為萬一你要是有過失的時候，你的財產不會被拿去賠給對方，一生的積蓄也不會化為烏有。

尤其是年輕的駕駛朋友們，都覺得開車是一件很拉風的事，我在二十幾歲的時，才賺了一點錢，也是急著要擁有人生的第一部車，每天晚上都載著朋友出去玩樂，當然也發生過交通事故，好險撿回一條命，而且也覺得養車的花費很高，後來就不再開車了。

> 第三人責任保險是尊重別人的一種保險，也是保護自己財產的一種保險。

趕快買到1千萬吧

現在，我情願花錢坐計程車、搭捷運或騎摩托車，不僅方便，也沒有風險，還有一個重要的原因是，我常常幫客戶去調解車禍和解、談判理賠事宜，而談判理賠是車險中最難的一環。我常常看到受害者斷腿、斷腳，全身包滿了紗布躺在病床上無法起床，家屬在旁都覺很捨不得，然後我的保戶朋友因為理虧在旁邊畏畏縮縮，一個字也講不出來；一個是我的保戶，一個是我親眼看到的受害者的狀況，我該幫誰？

我跟我的保戶一再強調說要買第三人責任險要買到1千萬，但大家都覺得「我沒那麼衰啦」或是「我開車一向很小心，不會有事。」等到事情發生的時才問我怎麼辦，我只能就他所買的額度，在權限範圍之內賠給對方。如果我的保戶只買100萬元，那我相信對於重殘的受害者來說一定不夠！

不要以為自己開車的技術是一流的，很多突如其來的狀況，可能是你無法掌控的！

親愛的朋友，不要認為自己開車的技術是一流的，很多突如其來的狀況，就算你很小心也有可能發生，雖然我的車速會很慢，可是誰曉得意外？如果對方還是個老先生或老太太，原本的身體狀況就不好了，經過你這一折騰要怎麼辦？

還有一種容易疏忽的車禍：駕駛朋友路邊停好車準備開門下車時，未注意從後方急駛一輛機車而來（雖然你認為他速度較快，但只要機車符合規定的速度）萬一被你一開門的動作撞傷或致死，你是幾乎一定要理賠給對方了！

趕快打電話給你車子的保險業務人員，趕快買到1千萬吧！

Q14 明明繳了保費，業務員卻說沒收到，怎麼辦？

A 用現金支付保險費給業務員是最笨的方法！

建議馬上改成銀行帳戶自動轉帳扣款，讓繳費清清楚楚，萬一發生理賠時，才不會有爭議。

詳細解析

直接用現金繳保險費給業務員是最「不保險」的做法。我不是說業務員都會捲款而逃，或惡意把保險費據為己有，但業務員也是凡人，他可能忘記幫你如期去繳款，而且如果當下他沒給你收據，或你認為彼此很熟悉，可以信任他，到時候發生糾紛時，還是以保險公司有沒有收到保費為準。

保費延遲，拿不到保險金

我就有類似的例子。有位保險業務員他習慣用支票來繳交保費，因為支票可以開三個月，有些保險公司可以承認開三個月，他為了賺這三個月的利息，其實利息也沒有

多少錢，但他每次都去開支票然後交給保險公司的收費人員，十幾年下來也都沒問題。這個業務員有幫他爸爸買癌症險，那是他還沒有從事保險工作時候買的保險，所以當然也不是買他自己公司的保險。

有一次，因為工作太忙了，忘記自己是否有繳保費，結果他爸爸得了胃癌，他打電話去向保險公司申請理賠，保險公司卻說他這一期的保費沒繳，他說：「怎麼可能沒繳，我十幾年下來都有繳，怎麼會只有這一年的沒繳？」他問我該怎麼辦？我說很簡單，你去銀行一查就知道，經過查証的結果，他確實是忘了繳，他問我有沒有方法可以得到理賠，我說：「這我真的沒輒了，你自己在做保險，不曉得這樣的問題嗎？為了那三個月的利息錢，讓將近100萬元的理賠金全都拿不到，這樣划得來嗎？」

> 開支票來繳保費，雖然可賺到利息錢，但也可能因小失大！

保費漏交，剛好需要理賠

我有另外一位在保險公司的朋友，他是訓練講師，負責教導、訓練業務人員如何搞懂保險、如何完善的規劃保險等專業課程。他繳自己的保險費是用信用卡來繳交，可是搬家後，信用卡又過期，他又忘記去變更，他以前的保險都是用這張信用卡來繳交的，可能自己也太忙了，一下

子刷花〇銀的信用卡、又換成富〇銀信用卡、再變成慶〇
銀行信用卡，搞到自己都亂了，搬家後也沒跟保險公司變
更新的地址。

結果保險公司催繳保費的通知是寄到舊家，而不是新
家的地址，此時，保險公司有盡到通知的義務，所以，當
他的小孩剛好發生了住院理賠時，他不知道他的信用卡過
期而漏交保費，他的保險就失效了。

用銀行自動轉帳最保險

繳交保費的方法很多，繳現金、劃撥、ATM轉帳、
用銀行的存摺來自動轉帳、有用刷卡自動扣款，我認為最
好的方法是用銀行存摺來自動轉帳，是最保險的做法。

我有兩個存摺，一個是郵局帳戶，一個是台灣銀行帳
戶（因收入來源不同，故準備兩個存摺）。為什麼說用銀行的
存摺來自動轉帳萬無一失？我的電話費、全家的保險費、
手機費、瓦斯費、水費、電費一大堆，甚至於我的稅金，
繳稅，地價稅、房屋稅，通通都是用銀行來自動幫我扣
繳。

用銀行自動轉帳的好處在於，我
在什麼時候繳了什麼錢，所有的細目
都一目瞭然，以繳交保費來說好了，
用銀行自動轉帳，保險公司還會給

> 用銀行自動轉帳的可
> 讓所有的細目都一目
> 瞭然，不會有爭議。

1%的優惠，甚至有些保險公司會有1.5%的一個優惠，累積起來也是一筆不少的錢。第二，只要銀行裡面有足夠的錢，保險公司絕對不會扣不到錢而讓我的保單失效。

至於刷卡自動扣款，雖然可以累積紅利，但信用卡會有有效日期，萬一剛好遇到有效日期過了，保單失效怎麼辦？保單失效問題不是很嚴重，可以復效就好，但萬一在保單失效期間，剛好發生要理賠的狀況時，保險公司是可以名正言順的不用賠，這樣不就得不償失。

我自己的理財習慣就是喜歡單純一點的做法，兩本存摺清清楚楚，我也要再三提醒讀者朋友，由銀行的自動轉帳的功能來幫繳交每一年的保險費，會讓你非常的安心和無所顧忌；謹記，千萬不要因小失大。

Q15 媒體常介紹很多超級業務員，跟他們買保險會不會比較有保障？還有保險的書籍與雜誌那麼多？常常各說各話，我們該聽誰的比較正確？

A 超級業務員只能代表他賣很多高價的保險商品，不代表他是個有良心的業務員。

很多資訊都是報喜不報憂，不要在搞不清楚狀況時，就盲目投入任何一種投資！

詳細解析

市面上有很多的書籍、報章雜誌、電視台的談話性節目，都會邀請一些學者、專門教民眾要怎麼買保險，有些內容我真的認為不夠中立，也有些資訊不一定正確。要如何分辨有些簡單的方法。

報喜不報憂

要如何分辨報章雜誌的立場是不是中立，第一，先看這本書或雜誌裡，有沒有很多金融機構刊登的廣告，如果有的話，它所報導的資訊可能偏向某一方面，那讀者可能只得到片面的資訊，因為書本和雜誌，甚至電視台，都需

要靠廣告來存活，在不能得罪廣告主的前提下，可能是只報喜不報憂的，它的意見就不是非常中立。

比如之前，有不少媒體一直說投資連動債獲利驚人，結果不少人把畢生的積蓄都投進去了，現在血本無歸，組織成受害團體去抗議，但錢恐怕也拿不回來。還有買投資型的保單和很多基金、股票，相信很多人是受到了書報雜誌、媒體的鼓吹，好像你現在不買，就沒機會變成富人，結果自己都搞不清楚，就跟著亂買，結果可想而知。

Top Sales的賺錢密碼

還有，當你看到電視或雜誌邀請一些Top Sales，他是年收入上千萬的保險業務員，如何從窮苦的小孩經過努力變成一個金融界的達人，在公司得到多少的獎項，也拿到全世界所謂的MDRT（百萬圓桌會議）的榮銜，看起來非常風光。

但了解保險真相的人就知道，基本上做一個保險業務員並不能賺到很多的錢，如果按照我的理論，按照保險就是保險（純保險），理財是理財的理論，分開來處理的話，一個保險業務員根本不可能賺到上千萬這樣子的天文數字，如果他辦到了，那不是他有問題，就是他賣的商品有問題。

「既然他業績這麼好，表示他的服務好，才會得到公

司很多獎，那我們跟他買保險就沒錯了！」這又是一個迷思。保險的業務員和賣車的業務員不太一樣。賣車的業務員因為賣的商品就是公司那幾款車子，價格都是透明化，頂多有些折扣不太一樣，所以可能是靠服務取勝，這我沒話說。

但保險公司業務員若是得到公司很多的獎，這個獎代表什麼？代表他的業績好，代表他賣的保單保費很高，而不是代表他是一個有良心的保險業務人員，這絕對不能畫上等號。

所謂「MDRT百萬圓桌會議」，是指業務員的年收入大概超過100萬以上。但我認為，如果是保險一年賣了2、3百人次，而達到100萬元的收

> 最好的保險就是純保險，它是不可能賺到大錢的。

入，那才更有意義。因為一個保險業務人員你所銷售對象的人數，我覺得愈多，代表你這個保險業務員才是最有良心的，而不是單看你的保費收入愈多，就表示你愈有能力。

靠保險賺大錢？

前面我曾提過有一家保險公司，它在考核業務員時，除了看保費的收入之外，它還看一個月的銷售對象裡有沒有新的客戶，一個月最起碼要有五個新的客戶，它用雙重

標準來考核業務人員，我覺得比只用業績數字來評量，更有意義。

不論電視節目或是書報雜誌一再強調這個保險業務員，有多厲害還是這個保險商品有多麼的好，我覺得你們聽聽就好，不要受到他們的影響。如何不受到他們的影響，就我們保險的觀點來講，還是那句話；很簡單，保險就是純保險，不可能靠保險賺到大錢的。

如果有這種心態的話，我相信任何的書報雜誌上面所刊登的美麗謊言，各位都能夠一一踢破，再把我在第一個單元有關複利的關係再拿出來比較分析一下，就可以很清楚地戳破所有文字和數字上的遊戲。除了多看、多聽，多問也很重要，多問問一些反對意見，多了解一下每一個文字和數字它所代表的意義，那麼就很清楚真相。

Q16 最近有高階經理人在跟我推銷海外的金融商品，投資報酬率至少有10%起跳，該不該買？

A 不是理財人員都懂所有的金融商品！
也不要被名片上的高頭銜所迷惑，在101大樓的附近，廣告招牌一掉下來，應該可以砸死一票的副總裁或者是總經理。

詳細解析

說起來很糗，我同樣也被騙過。

在保險業界也待了十五、十六年，平常我的理財方式很保守，不買股票、不買基金，就只有定存、買買外幣，雖然認識不少的高階經理人，他們一直鼓勵我投資購買國外的基金或其他新商品，我都不為所動，沒想到卻栽在一個同業手上。

我的慘痛投資經驗

五年前，一位知名保險公司的總經理找我聊天吃飯，並且介紹有個海外的投資標的，一年的投資報酬率保守估計約有8%。其實當時的金融市場狀況，8%這個數字並不

不算太高，它採取躉繳的方式，有點類似海外的基金，也就是所謂的「保單貼現」。

自從他引進這個金融商品之後，就以自己的名義成立一家公司來銷售，並一直介紹他的親朋好友來買，我也在他的鼓吹下，買了一些，但金額不多。結果金融風暴都還沒發生，就發生負責販售這商品的美國母公司倒閉，所有投資的金錢，一夕之間全部都成為泡沫。

當然所有的投資人都氣忿不過，要求他負責，但他說也是被美國公司的人給騙了，他才是最大的受害者，要他還錢也沒辦法，因為他也投入很多錢。但是我們是相信他的專業判斷，才敢把錢交給他投資，沒想到就這樣血本無歸。

事後，我們請了律師去做跨海的訴訟，不訴訟還好，一訴訟又要花一筆錢，我記得最後所領回來的金額，扣掉訴訟費，大概不到1萬元台幣，投入30多萬元，回來只剩1萬元，這還是國內非常知名的保險公司的總經理所引薦的商品……。

裝懂的專家真不少

我只是很懷疑，在投資金融商品的領域，從事保險業的人應該比一般人要專業一點，而保險公司的總經理總應比一般的保險業務人員要更專業很多了吧？但是一樣被

騙，他被騙，也騙人，或許他不是故意，但從這件事告訴我們，自己不了解的商品根本不要碰，而且像這樣裝懂的專家還真不少。

那更別提我們國內很多金控公司的律師團、會計師、整個公司所謂的海外投資部門，在這一陣子投資所謂的連動債虧損了十幾、二十億的大有人在。

我們這些專業經理人，薪水高到驚人，又可以分紅利，但他到底有沒有用腦子在做事？一家金控公司損失10億、20幾億元是很慘重，那每分每毫都是民眾辛辛苦苦的血汗錢、退休的老本，像我還好，只有投資1萬美金，雖然很心痛，但還不致於影響生活，只能當成上了一堂昂貴的理財課。如果他投資的金額高達200、300萬元的時候，可能是一輩子省吃儉用的全部所有，那他真的會活不下去了。

當總經理失業時……

我還認識另外一家外商保險公司的總經理，這家保險公司在台灣因為被合併到另外一家公司，他的總經理的職位就沒有了，我原本以為就算沒有了總經理的職位，依他在業界所累積數十年的人脈關係，應該還會找到一個不錯的工作，可是沒想到他反而來向我借錢，金額不是很多，

才20萬台幣。

一個曾經待過外商保險公司的總經理，卻在離職之後，向我借錢，我心想他在這家公司當總經理最起碼也待了二、三年，據說外商公司總經理的薪水一個月都有數十萬元，年薪至少200萬元，除了薪水之外，公司有紅利啊！有股票啊！有年終啊！這些年難道他都沒存半毛錢嗎？我也不敢直接問他。

消費者常犯兩個迷思

話說回來，在從事保險行業時，我個人認為，作為一個業務人員，學歷不重要，有沒有喝過洋墨水也不重要，重要的是人品，因為保險的觀念非常簡單，只要受過小學教育都會看得懂，何況台灣的大學生那麼多，從事保險這個行業，依照它的專業程度絕對是綽綽有餘，只要保險

> 專家的學歷不是絕對的標準，提供的數據也不一定是正確的！

公司的教育訓練得當、不要以利益掛帥、不要以業績掛帥、不要以考核掛帥，那麼所銷售的產品一定是非常好的。

但是這麼簡單的商品，在台灣被搞得名目太多、花招太多，就連保險公司的總經理也不是很明白自己賣的商品，造成消費者在購買保險時，會有兩個迷思，獲利的數字，往往看起來非常吸引人，但只要運用簡單的數學，馬

上就能理解，數字只是表相，保險公司想多賺錢才是真相。第二是對於販售人員的頭銜迷思。

哇！年輕的美女副總裁

我在談話節目中也曾講過一個故事，以前我在一間証券公司所成立的保險經紀部門擔任顧問的時候，那家金控公司大樓裝飾得很氣派非凡，一走進大樓裡，就讓你覺得身分不一樣了。有一天，我跟一位投資部門的美女一起搭乘電梯，這位美女，長相非常的甜美，身材非常的高挑，儀態非常的端莊，這位美女業務員跟我微笑點頭示意，並互相交換名片。

我拿了她的名片一看之後，嚇了一跳，上面印著某某証券股份有限公

> 為了取得你的信任，在投資公司裡，副總裁的名片滿天飛。

司副總裁，這麼年輕居然就當上副總裁，當時我對她投以一種無限的景仰，覺得自己活到40歲還是區區一個小小的顧問，覺得非常的汗顏啊！當然接下去因為心虛，也就不敢多講什麼話了，揮揮手說掰掰。

隔幾天，我又在同一棟大樓、同一部電梯碰到了另外一位一樣身材高挑、面容姣好、美麗大方的美女，我遇到同樣的狀況，雙方點頭含笑致意，交換名片，名片拿開一看，又是副總裁！唉？這公司的副總裁還真多啊！我開始對副總裁這個職位產生了懷疑，好像每一位業務員都可以

搖身一變變成副總裁。後來才得知，原來拿高頭銜的名片出去行銷的時候，很多顧客會買她的帳，認為他們有專業度，並且讓客戶有備受到尊重的感覺，所以說副總裁的名片滿天飛啊！

以前台灣有一個笑話說，如果西門町的廣告招牌掉下來會砸死一堆的導演，現在在台灣我可以說，在東區101大樓的附近，廣告招牌一掉下來，應該可以砸死一票的副總裁或者是總經理。

所以，頭銜並不重要，良心和道德才是保險這個行業裡面最根本的核心所在。

名詞解釋——保單貼現

其實，保單貼現的起源確實是基於愛心助人的立場。在1980年，有一位愛滋病患者在美國電視節目流淚悲嘆，「現在生病已經沒錢花用，保單卻要等到死了才能領到錢。」結果引起觀眾的同情，有人基於公益，買下這名病患的保單受益人權利，成為第一張保單貼現。

保單貼現在台灣知名度不高，在國外銷售已有不短的時間，投資模式是以折扣價格買進即將到期的人壽保單，保單來源多是癌症等重症末期病患或是老年人。保戶將保單透過仲介賣給投資人，可以立即拿到一筆現金，由投資人代為繳交後續的保費，等到被保人死亡，保險金就直接給付給投資人。

有保險業務員說，買對保險可以賺大錢，為什麼跟你講的不一樣？

理財理財，往往愈理愈沒財。各位朋友們切記，理財的最基本的事就是——不做保、不跟會、不借錢給朋友、不玩股票基金、不因為物欲需求而借錢。

詳細解析

我相信很多人在買保險的時候，會被業務員遊說，買保險可以讓各位賺一些錢，甚至於可以賺大錢，而在不明究理和相信業務員的狀況之下，就投入了大筆的金額，幾年下來不僅沒有賺到大錢，小錢也不見了，連本也沒了，甚至於還倒虧，欠一屁股債。

五大虧錢原因

我相信在年過四十歲的朋友們，這一輩子大概都會碰到幾種情形造成錢財上面的損失；第一，做保人。第二，跟會。第三，買股票或者是基金（就是所謂的投資）。第四，借錢給朋友。第五，向金融公司借錢。

五、六年級朋友是不是都心有同感，無論你是我說

上面五種情況的哪一種，都曾經造成你財務上多輒上百萬元不見，少的也有幾萬元的損失，尤其是「做保」，簡直是一個無底洞。

因為他是我的好朋友，所以我幫他做保人，但是因為對方在工作上面或是有一些閃失，他的人不見了，欠了一屁股債，你連狀況都搞不清時，他的債主就會陸續找上你，要求你做連帶賠償責任，不誇張，我聽過很多幫人家做保，結果搞到自己的家庭窮苦潦倒，所以才說中國字很有智慧，「保」這個字，就是「人」、「呆」合起來。

現在的人比較有警覺性了，比較不會隨便去做保人，免得自己省吃儉用，到最後整個家庭跟你一起受累。

跟會也有風險

還有很多媽媽們都喜歡「跟會」，三五好友湊在一起搞個互助會，利息通常都從10%起跳，本來讓媽媽們應急時使用，大家互相幫助，用意是不錯，但後來有動輒利息20%、30%以上，會腳多達幾十人、上百人。想要賺取暴利的話，當然就會有風險。

我太太的一個朋友，在市場開一家精品店，20年以前生意非常好，後來，她想起會當會頭，就慫恿我太太參加，因為市場裡的現金流量非常的大，所以他們的利息將

近20％左右，我就勸太太不要跟，讓別人去賺好了。還好我太太後來沒有跟，但另一個朋友有跟，而且跟了兩個會，以會養會，結果被倒會，損失慘重，十幾二十年的朋友、生意夥伴，都翻臉不認人。

天底下沒有白吃的午餐。跟會也不是不能賺錢或存錢，很多媽媽型互助會也是小錢小賺，很多媽媽的私房錢也都是這樣慢慢存起來。但是我要強調的是，可能它讓你賺十次，一旦虧一次，你就受不了了。

我的保守理財觀

我的理財觀念是非常保守，既然沒辦法開源，一定要節流，但不僅要節流，我還要很保守，這樣二十年之後，一定是最大的贏家，同樣我也不會因為一會兒賺錢一會兒賠錢，每天搞得心神不寧。

不借錢給朋友也是同樣的道理，很多失散十幾年的同學，突然打電話來，心裡頭就有底了，大概會有幾種狀況：一，他現在在做保險，他們公司有一個非常好的計劃要推薦給我，第二，他在直銷公司上班，可以介紹我們做直銷，拉我們做下線，直銷可以白手起家，可以讓我們賺到很多錢。我不是認為說這些都不好，只是要衡量自己是不是那塊料，有沒有多餘的金錢。

> 我的理財觀念是非常保守，既然沒辦法開源，一定要節流。

不隨便借錢給別人

十幾、二十年沒連絡的朋友突然打電話來一定有問題，如果又開口向我們借錢，其實現在我的腦袋裡面植入一個很深的反應，只要碰到這幾種情形，我不需要經過大腦就能馬上反應狀況說：「不，我沒錢。」

我不是教你狠，而是怕你被騙！你一定要做到這一點，不需要經過大腦，用嘴巴直接講出來說自己沒錢，或者可以找幾個理由，比如，如果朋友打電話來向我借錢的話，馬上反應說：「對不起，我上個禮拜在這附近剛買了一棟房子，我的頭期款還不夠，我現在也是缺錢的狀況。」就可以把朋友開口向你借錢的理由給暫時的打回去。

> 找個好理由，拒絕借錢給別人，不是教你狠，而是怕你被騙！

或者是說「我昨天才買了支股票，現在手頭上也非常的緊。」而絕對不要講，說自己雖然有錢，但準備一年以後要做什麼事情，千萬不要這樣講，因為你只要有錢，你的朋友一定會鑽漏洞，說沒關係，你只要借我十天、二十天，我利息加倍還你，可能就是因為這個十天、二十天，你想說好吧，反正這錢我一年以後才要用，我借他個十天、二十天應該沒關係，對不起，就是這十天、二十天，錢一出去就回不來了，你到時候再後悔也沒有辦法。

果斷的回絕

又有一個讀者打電話給我，她是我第一本書的讀者，因為她的朋友鼓吹她去投資，說投資報酬率大概有9%，問我覺得好不好，我說：「這不是好不好的問題，而是你有沒有容許它虧本的雅量？」我問她：「一年要繳多少錢？」，她說「一年要繳50多萬。」我說：「小姐，妳看了我的第一本書妳還沒有痛改前非嗎？我的第一本書還寫得不夠詳細嗎？」她說不好意思，對方是她的好朋友，如果說她不買這個東西，可能連好朋友的關係也沒了，這是一個非常大的人情壓力，她不曉得該怎麼辦。

> 通常接到要你投資、要跟你借錢的電話，最好在第一時間就回絕對方。

通常接到要你投資、要跟你借錢的電話，最好在第一時間就回絕對方，如果你的態度模擬兩可，那他們鐵定會試圖說服你們。這個道理就好像約打麻將一樣！朋友一通電話來說三缺一，幫個忙湊一腳，你第一次去了就會有第二次，去了第二次就會有第三次，你整年在那邊打麻將三缺一，你賺到什麼？

在二、三十幾年以前，我也常打麻將，年輕都是抱持著好玩的心態，都是打得很小，可是我發覺什麼都沒賺到，還賠掉了寶貴的時間，每天都在熬夜，到底是為什麼？所以後來再有人打電話來找我打麻將，說三缺一，我

馬上就回絕，回絕個二次、三次，他們就再也不會來找我了，甚至好朋友都不做也沒關係，為什麼我要浪費時間在麻將桌上，我的人生多采多姿，還有多少事情要去做？我情願幫太太洗衣服、拖地，陪小孩一起看書、一起玩耍，我也不要去做這種毫無意義的事情。

千萬不要跟地下錢莊借錢

還有千萬不要隨便去借錢，現在借錢的管道很多，向銀行借錢也好，向地下錢莊借錢也好，後面所得到的結果是什麼？銀行大概利息都要10%以上跑不掉，更何況地下錢莊，還的錢可能是借款的好幾倍，不要一步錯，步步錯，還會連累到家人。

各位朋友們切記，理財的最基本的事就是——不做保、不跟會、不借錢給朋友、不玩股票基金、不因為物欲需求而借錢，二十年之後，我相信你就是最大的贏家。保險再買多一點，夠了，薪水的十分之一，你的人生充滿了幸福感，你的人生會是快樂的、安穩的。

如果我們這一輩子謹守不做保、不跟會、不玩股票、基金，不借錢給朋友，不舉債過日子，我相信幾年以後您就是最大的贏家。

最後，我再考大家一個問題：「機車族最需要什麼保險？」

 答對了嗎？就是意外險！而且一定要買到500萬！

詳細解析

各位騎機車的朋友們，我也不想再講什麼大道理，也不用再說故事或引申一些理賠數字。因為我跟你們一樣，也經常用機車代步，我相信，你們自己知道機車本身就是一個高危險的「交通工具」，因為它速度快，又不像汽車是「鐵包肉」，你是真正的「肉包鐵」，當你看到這個段落時，不要猶豫，趕快打電話給你的產險業務員，說你要投保500萬的意外險就對了。

產險公司的意外險投保又很方便，只要先傳真要保書到保險公司就完成投保動作，有簽名的正版要保書可事後用郵寄的方式即可，區區2千多元的保費，保護你自己，保障你的家人，甚至還可以做功德。聽我的，就對了！

「微型保險」的精神，
就是平民保險！

　　行政院金管會日前公布，要推廣「微型保險」，我非常叫好。我認為「微型保險」就是「平民保險」，是一種可以造福廣大民眾的好保險。

　　近幾年來，台灣低收入、缺乏社會補助的「近貧族」已接近250萬人（不是真貧窮的人），為了保障這些弱勢族群的健康醫療照顧，金管會保險局研擬推出「微型保單」，提供民眾以團體保險的費率，購買「壽險、意外險、健康險」等基本商品。

　　因為真正貧窮的人已有了政府社會福利補助，近貧族是未達社會福利措施補助的標準，他們才是真正需要購買保險的人，但這一群人又買不起保險，加上業務員也認為他們不可能買保險而懶得推銷，要不然就是保險公司沒產品賣（因為就是賺不到錢）。

　　所以，政府在今年仿照印度「微型保險」的制度，準備研擬一套適合台灣現況的「微型保險」，來幫助這250萬需要幫助的人。

其實，政府也不必大費周章，去找一些學者專家，花一大堆預算來做研究，按照現行的產品稍做一些修正，就可以立即實施。

為什麼我會這麼說呢？各位仔細看完《平民保險王》前面所分析的「一年期壽險、一年期意外險、一年期癌症險或一年期醫療險」這些通通都已是「微型保險」的架構，而且這些商品我個人也早已大力推廣3、4年了，沒花政府一毛錢預算，現在已有一些初步的成果出現了。

但是我個人的力量有限，所以想藉這本書《平民保險王》，希望先讓讀者了解所謂真正的保險精神，亦希望大有為的政府能快快實施此一德政，不要擔心財團給的壓力，因為我這個小蝦米都不怕了，大鯨魚在怕甚麼呢？

◎微型保單資訊

適用族群	經濟弱勢族群、收入不穩定者
特色	低保額、低保費
保險種類	以定期壽險、傷害保險、健康保險為限
最高保額	30萬元

資料來源：金管會

附錄

一、給總統的一封信
二、給保險業務員的一封信
三、保險公司網站一覽表

一、給總統的一封信
四大建言，希冀改善保險大環境

總統：

　　您好，其實在寫這封信之前，我內心掙扎了很久，我不曉得這封信會不會被您的幕僚給刪掉，我不曉得這封信寫了之後會給您造成多大的困擾，但是我知道，就算沒有辦法送達到您的手中，我還是想把我心裡的話講出來。

　　很高興行政院最近終於準備考慮到實施所謂「微型保險」，其實微型保險這個名詞太專業了，很多人聽不懂，如果容許我建議的話，可不可以改個名字，叫作「平民保險」。

　　我相信您也知道，真正的有錢人根本不需要保險，反而是愈貧窮的人愈需要保險，因為他的人生不容許有任何的風險。可是目前所有的保險公司推出的保險商品，幾乎每種保單都要動輒上萬元的保險費，這對一般的平民家庭來講，是筆不小的負擔。

　　而其實保險公司都是業績掛帥，也都要衝營業額、希望股票上市、講求獲利的公司。但目前保險界販售的幾乎都是高保費低保障的產品，讓原本保險有穩定社會的功能，也大打折扣，反而成為金融風暴另外一個始作俑者。

所以，我想提出幾點誠心的建議，希望政府機關要注意到保險這個潛在的大問題：

第一、讓我們保險界的商品回歸到「純保險」

通常，我們存款找銀行，投資會找投資公司，這很清楚，最好不要讓二者混為一談，讓保戶搞不清楚怎麼向保險公司買了保險商品，最後變成以投資為主，怎麼向保險公司買了商品，最後變成是在儲蓄？

一旦他們發生需要理賠的時候，沒想到所領到的保險金這麼少，跟我們當時想要買保險的基本想法南轅北轍，當然，我也知道，如果規定保險界只賣純保障型、或純消耗型，他們的業績絕對會大幅下滑，也會引起保險業極大的反彈。

我也知道政府最近在推行微型保險，出發點是好的，但我相信一定會受到很多金融團體的壓力，最後能否繼續推行下去，就要看您有沒有堅定的意志。

第二、保險的佣金應平準化

長年期的保險（就是繳費二十年終身或繳費十年終身這種的商品），或是所謂投資型的商品，它的佣金應該要平準化，不能再讓保險界第一年的佣金超高，接下來的幾年變成超低甚至一毛錢都沒有，這會形成很多業務員在想盡辦

法讓保戶簽下簽了第一年的合約之後，第二年、第三年，甚至於這一輩子都不再去服務了，造成市面上一大堆孤兒保單。

如果，能將獎金、佣金平均分配二十年，接手的業務員也能拿到服務的佣金，對所有的保戶朋友們絕對是好事一件，可是為什麼這項制度我提倡了這麼多年，還只是一句空話，沒有辦法實施？

我以外勞仲介為例子，在三、四年以前外勞仲介的服務費也是在第一次外勞入台的時候一次領取好幾萬元，可是就產生一些問題，業務員離職、拿了錢就跑了，以致於外勞服務的作業和內容大打折扣，所以勞委會才修訂辦法，規定外勞的服務費（也就是佣金或獎金），要分三年按月平均領取。

其實這一項重大的改革，當時確實造成了外勞仲介公司的收入在短時間內大幅下降，但長久下來，確實對於安定國內的雇主和外勞的心情有很大的作用。保險界為什麼不能比照外勞仲介業的做法？

早期我們在銷售保險時，獎金動輒高達6成、7成甚至8成，早期的投資型保單也是一樣，現在雖然有下降的趨勢，但降得還不夠，我認為一定要把佣金做合理的分配，萬一有新接手的業務人員也能盡心盡力的去服務客戶，為什麼？因為他有獎金可以領，當然會用心服務。

我知道這項措施一旦實施，短期之內對保險公司會造成不小的衝擊，但是以長遠的眼光來看，不僅對保險公司服務的品質會大大的提升，保戶對保險的印象，也會獲得很大的改善，所以保險業務獎金一定要平準化。

第三、保險局官員要將心比心，幫保戶爭取權益

　　目前政府負責掌管保險公司的主管機關是保險局，有一次我帶一些受騙的保戶去保險局跟保險公司、經紀人公司開協調會，當時有位保戶在保險局裡哭訴，一年被騙要繳1千2百萬的保險費，但他不是一個有錢人，這些錢幾乎是向親朋好友借調，也許大部分的人會認為，他當時何必要貪心，沒有貪念產生，就不會被騙了。但您是否想過，台灣有多少人對保險是抱持著負面的觀感，有多少人對保險真正了解？就算擁有碩士、博士學位的人，對保險商品仍是一知半解。既然這是普遍的現象，政府是不是應該負起教育、宣導的責任，讓一般的大眾能了解保險的重要和其真正的意涵，不要把保險變得如此複雜，連政府官員都搞不清楚，何況是一般的平民老百姓，當然更搞不清楚。

　　當時，我在金管會保險局陪同這一群受害的保戶進去開協調會時，因為很多的保戶除了會哭訴和抱怨，陳述時掌握不到重點，但當我一針見血的把問題指向核心，讓保險局的官員承受不了，當場卻把我請出會場，因為我不是

當事人，他們認為我沒有權利可以參與協調。

總統先生，我是來幫保戶們解決問題的，我手中明明握有當事人的授權書，保險局的官員為什麼如此蠻橫無理將我趕出會場？我講的都是法令的規定、保險的遊戲規則，為什麼官員們不願意聽聽真理？

我相信如果每一個政府的官員都能夠將心比心，把受害老百姓的痛苦當成是自己的痛苦的話，有很多事情就可以解決處理。

上述的這個保險事件，是因為某家知名的保險經紀公司，用不實的、違反規定的話術去誘使保戶購買保險商品。據我所知，金管會所收到的類似案例已有好幾百件，官員在處理態度問題時不是慢半拍，就是不理不睬，總統先生您可以去了解一下，到金管會去申訴這家公司不實銷售的案件到底有多少，為什麼到現在還處理不好？為什麼讓無辜的平民百姓無端受苦？如果能第一時間就能有效處理的話，事情不會演變到如此嚴重。

保險商品基本上都是可以幫助別人、救人的，如果今天保險商品被一些不好的營業人員變相亂賣，所造成的社會負擔是非常龐大的，早期的鴻源事件、龍祥事件不就是如此？現在的雷曼兄弟、連動債也是同樣的模式。

保險公司披著一層合法的商品，但是用不實的手段來銷售，雖然它的過程是合法的，但是手段有爭議，造成投

資大眾、保戶重大的損失，除了保戶自己要負責任外，政府官員、業者也逃避不了。但政府官員可能原先不理又不睬，最後稍微祭出一點罰則，輕輕罰了保險公司幾萬塊錢，這是非常不公平的對價關係，而該公司仍繼續營業，雖然是有所收斂，但保險官員的不理性和傲慢，是為政府做了最壞的示範。

第四、規定保險局官員退休之後，不能任職於保險公司

目前多家金融公司的總經理、董事長，部分是由原來任職於政府主管部門的官員退休轉任，我認為這個問題可大可小。

我沒有待過政府的文官體制，但是我曾經是一個職業軍人。職業軍人非常重視倫理觀念，只要是學長所說的就是真理、就是對的，當然這有它的好處也有它的壞處。如果保險局的高階官員，在離職或退休後再轉任民間的保險公司，他如果是一個有心人，之前所培養的勢力、人際關係，他的舊幕僚、舊部屬對他現在任職的保險公司多少會特別手下留情，甚至出現利益輸送的現象？即使接獲不少申訴案例，官員是不是也投鼠忌器，不敢秉公處理呢？

以上四點，就是我想寫給總統的保險建言。我的知識程度或許不夠成熟，但這真的是從事保險業十多年以來的

衷心地建議，希望總統先生能了解，所有平民百姓在保險方面的真正需求，謝謝您百忙當中能夠看我這一篇小小的心聲。

小老百姓　劉鳳和　敬上

二、給保險業務員的一封信
希望共同改善業績掛帥的保險生態

親愛的保險同業先進：

您好，我是劉鳳和。

寫這封信的目的，是想跟各位保險界的同業，分享寫完第一本書《聰明買保險》之後的點點滴滴，和我要寫《平民保險王》的想法——就是說真話，如果有得罪你們，敬請雅量海涵。

會有這樣的念頭，是源自於有一次我在錄完超視的《新聞挖挖哇》節目之後的反應。當天錄完影的同時，製作單位跟我講說錄的效果不錯，都可以反應出一般小老百姓內心深處的一些疑問，在節目當中也說得很清楚，沒想到卻引起留言板的激烈回應。

我記得當晚11點鐘首播之後，我看到《新聞挖挖哇》的留言板，突然有一大群網友，對我在節目內容的發言嚴厲的批評，九成以上都是說我講得太誇張，講得不專業。

當時我還以為這些可能是一般的民眾，但仔細的逐條去看其中的內容，讓我發覺幾乎大部份都是保險界的同業，其實我心裡有一點難過，怎麼會引起這麼多同業的反彈呢？

業績為先的保險生態

我記得那一天節目的主題是談保險的特殊狀況，主要是針對兩家人壽公司產權轉移所特別錄製的一個專題，教導聽眾如何保有自己的權益，我就針對這幾年從事保險界所得到的一些感觸，說了一些建議。但我看了保險界同仁群情激憤的批評我，我真的覺得難過。

但我不是為了我被抨擊而難過，而是這麼多保險同業為什麼還是沒辦法把保戶的權益放在第一位？還是按照公司所制定每個月要達到的業績考核作為你們行銷的首要目標。

我一再強調，買保險，就找保險公司，要存款，就去找銀行，想投資，就去找投信公司或者購買房地產（當然我這裡所講的房地產，可能是我們北台灣的房地產，它的獲利空間比較大，中南部可能就不適用這一條）。我也一再堅信我的雙十理論，不要用太多的錢去買那些高保費低保障的保險，我到目前為止一直都還堅信這個原則是不變的。

從事保險業真的很辛苦，每天都要為了公司所訂的業績在外面奔波，這個我非常瞭解，因為我本身也曾在保險公司待過，做過菜鳥業務員，後來就是受不了公司只有業績而不顧保戶權益的作法而離開了保險公司。

我們從事保險工作的人，其實在學校裡面教的，或在公司上的理論都是有一種社會責任存在，在我的觀念裡

面，身為一個保險業務員並不能夠賺大錢，能夠維持基本的生活就不錯了，如果說靠保險業務的推廣能夠賺大錢，基本上就喪失了身為一個保險業務員的社會責任，如果說一切都向錢看，那麼其實就不應該來從事保險業務。

有一家經紀公司，他們的業務人員很多都是**MDRT**，也就是所謂的**百萬圓桌協會**的會員，這個百萬圓桌協會就是以一年所賺的所得有超過100萬的人才能夠入選，基本上這是一個對業務員非常具有激勵性的組織，但是它的門檻還是以一年能夠賺多少錢來做為評斷，我覺得這種標準非常不正確。有另一家外商公司的做法比較不一樣，除了考核業務人員每個月可以做到多少的業績之外，同時也考核業務人員每月招來多少新的保戶。我覺得這一點非常的好。

因為保險業本來就是一個可以幫助別人的行業，可是為什麼很多人聽到保險業務員就避之唯恐不及，除了本身具有推銷的性質之外，會讓人產生戒心之外，另外，就是纏著所有的被保險人，利用親情、利用友情去強迫推銷，久而久之就讓一些真正想買保險的人非常的排斥。

我有一位朋友叫lily，她的姐姐Vivian，因為離婚而從事保險的工作，剛開始每個月的收入還不錯，可是在做了半年之後，因為親戚朋友的保險都被拉光了，轉而向自己的妹妹Lily來拉保險。

其實Lily之前就買不少的保險，一年大概就花了20幾萬的保險費，她的保險在我的建議之下大概都有1千萬的保障，而且Lily的工作並不是很穩定，一年要繳20幾萬基本已是很大的上限，甚至超過我所講的雙十理論，因為她還是有買一些儲蓄險，所以才會將保費拉高，如果扣掉儲蓄保險的保費，大概一年的保費10萬元左右，全家四個人都買了保險，在我認為應該是非常足夠了，可是Vivian三不五時來向妹妹推銷。

前幾天，Lily的先生打電話給我，說他受不了Vivian一再的跟他們推銷，甚至在沒有經過他們的同意之下就幫他們買了一些不必要的保險，一年又要多繳20萬元的保費，加上之前的20萬，總共是40萬，把他們家壓得喘不過氣來，但考量Vivian離婚又要帶著二個小孩，所以也不敢解約。

但後來Vivian自己受不了公司長期的壓力之下，也離開保險公司，但她的保戶幾乎都是親朋好友，一旦離開了保險界，怎麼對得起這些支持她的朋友和家人？

在我剛踏入保險界的時候，我就立定了一個志向；我做保險，絕對不是以賺錢為目的，因為我發覺保險真的是一件很迷人的工作，它不僅可以幫助別人，又可以讓我得到一份蠻穩定的收入，雖然不是很高，但起碼日子可以過。

老實說，還沒有在媒體上曝光之前，我的年收入不到五、六十萬，進入到電視台之後的收入也沒有高到哪去，頂多也只有一、二年的時間有超過百萬，這跟其它同業的業務員Top Sales來講收入超過1千萬、2千萬的人相比，簡直是小巫見大巫。

我選擇細水長流的方法

當時有很多家保險公司來挖角，希望我能夠進到他們公司去幫他們銷售一些保險，可是通通被我挽拒。我不愛錢嗎？我比誰都愛錢，可是我更重視的是，我今天想從事這個保險工作，我不是只想做一年、二年，因為我真的很喜歡這份工作，我想要將它作為我一輩子的工作，我選擇了細水長流的方法。

我相信很多同業的學長都有告訴各位，保險其實做到最後，是靠保戶互相的介紹才是我們最大宗的客戶來源，我們試想，今天如果保戶都對我們都敬而遠之，他怎麼可能會幫我們介紹新的客戶？

其實從一開始從事保險工作，我所銷售的保險幾乎都是所謂平民式的保險，也就是保費很低保障卻很高的保險，這些都是一般業務員不想賣的保險。但累積到目前將近一萬多名的保戶，他們不定期的都會幫我介紹其他的保戶，讓我真正能夠做到，我不需要去外面推銷，每個月就

會有新的投保客戶來向我購買保險，這是我從事保險十幾年來最感到安慰的地方。

　　一個保險經紀人一年在保險工作賺到100萬，其實已經算不錯了，不要太貪心，當時我在從事保險工作的時候，有一個念頭，我們自己在幫人家規劃保險，是不是也要為我們的工作保險一下？如果說按照一般保險公司叫業務員去銷售的這個模式，我相信很多的保險從業人員，他的壽命活不過二、三年，既然這麼熱愛這份工作，為什麼我們不能夠做得久一點？

　　既然這麼熱愛我們這份工作，為什麼不能夠讓我們這份偉大的事業傳承到我們的小孩身上？這是我剛開始在做保險所思考的問題，可是回想起來，各位有把保險事業當成是永久的工作嗎？還是一家換過一家，每天得過且過？然後不到幾年就陣亡了。

　　在景氣不好時，各位保險同業在銷售保險尤其困難，業績大幅的下滑，大家都是要靠銷售養家糊口，尤其達不到業績時，自己花錢下去買，買到最後自己的保單一大堆，可能跟所有的保戶一樣，有部份繳不起的就辦理繳清停效、就展期，或辦理其它的一些動作。

　　所以，我能理解你們批評我的理由，我不會介意。可是我想反問大家：「你們所銷售的東西是不是所有的保戶都認可的？你們所銷售的保費金額是不是每一個家庭都能

夠接受的？」

　　也許你們自己買自己的保險，還有佣金可以賺，可能受到的影響不大，但是我們的保戶呢？一而再、再而三的相信我們，當我們離開了保險界，他們怎麼辦？是不是手機一換就不理人家了？我相信這些都不是大家的本意。

　　我以前在保險公司碰到一位主管M先生，也許我的問題跟意見特別的多，當我一直向這位主管反應時，M先生最後被我逼得沒有辦法，順口講了一句話：「我也沒辦法，公司就這樣規定，我也沒辦法」，就是這句話，讓我看穿了，當我在外面碰到的問題和事情拿回到公司，但公司主管跟我講：「我也沒辦法」，從那個時候我開始決定做我自己，我要開始按照我自己在書本上所學的理論從事我這份偉大的保險工作。

平民保險，造福大眾

　　幾年下來，我在電視台裡面開講，我寫書分享我對保險的想法，甚至以後我還想拍部關於業務員辛酸史的電影，在在的都按照課本裡面所學的理論來做。

　　我跟我太太兩個人共同從事保險，一個負責內勤，一個負責外勤，我們做得很開心，雖然收入並不是很高，夫妻兩個人加起來到目前為止，算一算我們的年收入，包括產險、包括壽險、包括我出書的版稅、包括我電視台的車

馬費和到各個地方去演講的演講費,年收入頂多100多萬元,但我們已經很滿足了,因為這個100多萬對我的家庭來講已經算過得相當不錯,也很感恩每一位保戶的支持,我更小心幫每一位保戶設計適合他們的保險。

有一位電視公司的主管,叫我是「平民保險教主」、「平民保險教父」,其實我蠻喜歡『平民保險』這四個字,因為我幫保戶規劃的保險,大概2~3萬元就可以做到1千萬的保障,所有的保戶都覺得非常的訝異,說怎麼可能,然而事實上卻是如此。

我做保險十多年,差不多在第二年、第三年的時候,就已經沒有再靠推銷的方式來拉保險,幾乎99%都是客戶主動打電話給我,這十幾年下來,我很感激這些保戶幫我介紹更多的保戶。我覺得從事這份工作很有尊嚴,也很開心。

我曾到一家保險公司裡面去演講,看到這家保險公司的業務人員有很多都是留美回來的碩士、博士,當他們在和我侃侃而談的時候,我發現他們眼神之中充滿了對保險工作的熱愛,讓我非常的感動。

不論是留美回來的碩士也好、博士也好,能夠放下身段來從事保險工作,背後一定有一個魅力影響著他,如果這個魅力是他那份熱愛生命、助人為本的精神的話,那麼我非常的佩服,可是當我一旦了解這家公司他們所銷售的

險種是儲蓄型的保險，是一個高保費低保障的產品時，我對這些留美回來的碩士、博士就起了反感。果然沒有錯，這家公司這麼多的業務員在一年不到的時間，紛紛陣亡。

前一陣子金融海嘯發生的時候，我還特別去了這家公司再去看了一看，之前我看到的業務員有七成以上通通不見了，當然包括了這些所謂的碩士、博士。其實銷售保險本來就是一個很簡單的事情，保險的理論也是一個非常簡單的理論，不需要靠什麼高學歷才能夠做得到，它要的是一份熱忱、它要的是一份「已所不欲，勿施於人」的理念。

當你自己都買不起這麼高的保險費，怎麼會去推銷給別人？我的保費自己都負擔不起了，我怎麼還去介紹給別人？保險界的同業們，我知道你們對我的批評非常的多，但是我還按照我的方法來做，我相信總有一天你們會了解我為什麼要這麼做。

就好像前一陣子，我跟一個銀行的理專吃飯，他是國內某國立大學財經系畢業的高材生碩士，在外商的銀行裡面當高級理財專員，做所謂的私人銀行的業務，剛進去的三個月他還跟我侃侃而談說怎麼樣做、賣什麼連動債、賣什麼東西，當時我沒說什麼，只送他一本我寫的書，他看完之後打電話給我，說我都亂講，說我一點都不專業，一點都不了解金融的市場，說他現在做得多好，一個月收入

10幾、20萬元。

可是就在上個月，我再打電話給他，他說他離職了。他在電話裡面跟我說，其實我講的都對，只是當時，他也不曉得，像是被公司下了魔咒一樣，分不清楚是非黑白，可是久而久之，當他的業績無法再向上提昇，當他的保戶和投資戶都紛紛打電話過來罵他、譴責他的時候，他才恍然大悟，可是那個時候已經來不及了，他剛從學校畢業，最好的信用也就被他白白的犧牲掉了。

跟親友拉保險，能維持多久？

我們在從事保險工作，我相信在剛進保險公司的時候，我們的主管都會安排一個密集的訓練課程，不斷催眠你，說公司的產品有多好，你可以自己花錢來買。其實被公司訓練，自己花錢買第一張保單的人大有人在，可是畢竟我們的收入是有限的，我買不了太多張，公司的主管又會叫你介紹親戚朋友來買這些個產品。他會叫我們立刻把所有認識的朋友電話通通列表，開始跟朋友們展開拉保險大戰。

當我們列出五十個、一百個親朋好友，也初步地跟他們推銷，如果運氣好的話，這些人也都向我們買了這些產品，可是我們的人際關係畢竟是有限，保險公司又會告訴我們說：「你之前也這麼樣的辛苦努力，現在中斷了很可

惜,你可以找三個跟你同樣具有這樣熱忱的年輕人來投入這個行業,也可以從你的親朋好友再列出來五十個、一百個人的名單裡面去篩選,找出三個跟你一樣有這樣熱忱的人作為下線,那麼以後下線做的業績也都算到你的身上,你就可以帶組織,你就可以當主管,你就可以高枕無憂。」

其實這套模式是直銷嘛,再講得更難聽一點,這就好像是老鼠會嘛!先叫自己買,再介紹親戚朋友買,代表衝業績,當這兩樣工作都做得差不多了,又叫你找人來當下線。這整套的模式在保險界裡面流傳了非常的久,一而再、再而三的重覆,到最後,人際關係被壓榨光了,我的錢財也買了很多的保險,我的下線也一一陣亡,接著就輪到我要離開這個產業的時候,誰賺到了錢?公司?而我們賺到了什麼?我不知道。

其實做保險,如果說按照我的方法,我保証各位,年收入一定可以達到百萬以上,但是我的方法要花將近三年、四年甚至五年的時間來慢慢的累積,因為很簡單嘛,當我賣的是一張儲蓄型的保險、或賣一張投資型的保單,如果是年繳10萬塊錢,這個業務員大概這一個月就可以賺到快5萬元,當然這一個月只要做一件就可以了,可是下個月呢?明年的這個月呢?我是不是每個月都要找一些新的客戶?其實這是蠻辛苦的一件事情。

請從保戶立場來做考量

　　我在推銷保險時，不是用這種速成的方法，賺飽了一筆就跑。相反的，我從保戶的立場出發，告訴我們的客戶，你一年只要繳幾千塊錢就可以擁有最起碼300萬或500萬以上的保障，客戶們接受度非常的高，也就是因為如此，它是一個一年期的產品，第二年他繼續續保，我們又有收入，我們不用再去推銷，累積了二年、三年之後，我的收入自然增加，我的保戶自然也會幫我介紹保戶，而且我每年領的都是所謂新件的獎金，我辛苦努力個三、四年，為我累積另外一個人生的退休金，這比任何事情、任何工作都還要值得。

　　各位保險同業人員，你們可以回去細細地思考這個問題，你既然這麼熱愛保險工作，你是要讓它做得久比較重要，還是要讓它能夠在短期內賺到錢比較重要？全世界沒有任何一個工作可以像保險這樣，我只要辛苦個四、五年，我可以賺進我人生另外一個退休金，而且是很穩當的，如果還是按照傳統速成的方法，其實你在一點一點耗盡你自己的人際關係。

　　親愛的保險界同仁們，我是非常衷心地寫這封信告訴各位，你們可以批評我、可以罵我、可以說我不專業、可以說我都亂講，但是你們靜下心來好好的想一想，還是那句話；你們是想在這個行業走得長、走得久、走得遠，還

是只是想要賺到錢而已？

升官發財請走別路

　　最後我以一句話來奉勸各位，這是我在念軍校的時候，大門口貼的一句話：『**貪生怕死，莫入此門，升官發財，請走別路。**』重點就是後面這一句，升官發財，請走別路。這條路，並不能夠讓各位賺很多的錢，但是這條路卻能夠讓各位享受另外一種不同的豐富人生，也能夠幫助很多的人，靜下心來，好好想想。

劉鳳和　敬上

三、保險公司網站一覽表

國內保險公司

台銀人壽台灣銀行人壽保險部

http://life.bot.com.tw

台灣人壽保險股份有限公司

http://www.twlife.com.tw

保誠人壽保險股份有限公司

http://www.pcalife.com.tw

國泰人壽保險股份有限公司

http://www.cathaylife.com.tw

中國人壽保險股份有限公司

http://www.chinalife.com.tw

南山人壽保險股份有限公司

http://www.nanshanlife.com.tw

國華人壽保險股份有限公司

http://www.khltw.com/newage

新光人壽保險股份有限公司

http://www.skl.com.tw

富邦人壽保險股份有限公司

http://www.fubonlife.com.tw

國寶人壽保險股份有限公司

http://www.globallife.com.tw

三商美邦人壽保險股份有限公司

http://www.mli.com.tw

幸福人壽保險股份有限公司

http://www.singforlife.com.tw

興農人壽保險股份有限公司

http://www.sinonlife.com.tw

遠雄人壽保險事業股份有限公司

http://www.fglife.com.tw

宏泰人壽保險股份有限公司

http://www.hontai.com.tw

安聯人壽保險股份有限公司

http://www.allianz.com.tw

台灣郵政公司壽險處

http://www.post.gov.tw/post/index.jsp

保德信國際人壽保險股份有限公司

http://www.prulife.com.tw

全球人壽保險股份有限公司

http://www.aegon.com.tw

國際紐約人壽保險股份有限公司

http://www.nylitc.com.tw

大都會國際人壽保險股份有限公司

http://www.metlife.com.tw

中泰人壽保險股份有限公司

http://www.acelife.com.tw

外商公司

美商美國喬治亞安泰人壽保險股份有限公司

http://www.inglife.com.tw

美商康健人壽保險股份有限公司‧台灣分公司

http://www.cigna.com.tw

美商美國人壽保險股份有限公司‧台灣分公司

http://www.alico.com.tw

美商宏利人壽保險股份有限公司‧台灣分公司

http://www.manulife.com.tw

瑞士商環球瑞泰人壽保險股份有限公司‧台灣分公司

http://www.winterthur.com.tw

法商法商巴黎人壽保險股份有限公司‧台灣分公司

http://www.cardif.com.tw

美商安達保險股份有限公司‧台灣分公司

http://www.ace-ina.com.tw

產險公司

蘇黎世產物保險股份有限公司

http://www.zurich.com.tw

第一產物保險股份有限公司

https://www.firstins.com.tw

台灣產物保險公司

http://www.tfmi.com.tw

兆豐產物保險股份有限公司

http://www.cki.com.tw

華山產物保險公司

http://www.taiping.com.tw

富邦產物保險公司

http://tran.518fb.com

泰安產物保險公司

http://www.taian.com.tw

明台產物保險公司

http://www.mingtai.com.tw

友邦產物保險公司

https://www.cins.com.tw

友聯產物保險公司

http://www.unionins.com.tw

新光產物保險公司

http://www.skinsurance.com.tw

華南產物保險股份有限公司

http://www.south-china.com.tw

國泰世紀產物保險公司

http://www.cathay-ins.com.tw

新安東京海上產物保險公司

http://www.tmnewa.com.tw

龍平安產物保險公司

http://www.dragonins.com.tw

美商環球產物保險公司

http://www.aiu.com.tw

美商安達北美洲產物保險公司・台北分公司

http://www.ace-ina.com.tw

日商三井住友海上火災產物保險股份有限公司・台北分公司

http://www.ms-ins.com.tw

國家圖書館出版品預行編目資料

平民保險王／劉鳳和著. -- 臺北市 ： 文經社，
　2009.11
　　　面 ； 公分. --（文經社富翁系列 ； M009）
ISBN 978-957-663-585-4（平裝）

1. 保險

563.7　　　　　　　　　　　　　98018249

富翁系列 M009

平民保險王

著 作 人 — 劉鳳和
社　　長 — 吳榮斌
編　　輯 — 林麗文
美術設計 — 游萬國　　　內頁插畫 — 林欣潔
出 版 者 — 文經出版社有限公司
登 記 證 — 新聞局局版台業字第2424號
地　　址 — 241 新北市三重區光復路一段61巷27號8樓之3（鴻運大樓）
電　　話 — （02）2278-3158 · 2278-2563
傳　　真 — （02）2278-3168
E - m a i l — cosmax27@ms76.hinet.net

法律顧問 — 鄭玉燦律師　（02）2915-5229
發 行 日 — 2009年 11 月 第一版 第 1 刷
　　　　　 2022年 8 月　　　　 第 27 刷

定價／新台幣 220 元　　　　　　　　　　　Printed in Taiwan

TABEAWASE KENKOU MENYUU
Copyright©2004 by Sanae SHIRATORI
First published in 2004 in Japan by PHP Institute, Inc.
Traditional Chinese translation rights arranged with PHP Institute, Inc.
through Japan Foreign-Rights Centre/Bardon-Chinese Media Agency